于立志 ◎ 编著

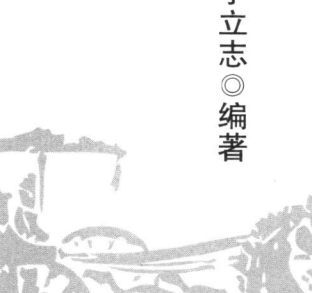

理政古鉴

从历史中汲取
走向未来的智慧

红旗出版社

图书在版编目（CIP）数据

理政古鉴：从历史中汲取走向未来的智慧 / 于立志编著.
—北京：红旗出版社，2019.9
　ISBN 978-7-5051-4931-1

Ⅰ．①理… Ⅱ．①于… Ⅲ．①中国历史－史评
Ⅳ．①K207

中国版本图书馆CIP数据核字（2019）第186080号

书　　　名	理政古鉴：从历史中汲取走向未来的智慧		
编　　　著	于立志		
出 品 人	唐中祥	总 监 制	褚定华
责任编辑	朱小玲	封面设计	张合涛
出版发行	红旗出版社	地　　　址	北京市沙滩北街2号
邮政编码	100727	编 辑 部	010-57274497
发 行 部	010-57270296		
印　　　刷	北京温林源印刷有限公司		
成品尺寸	690毫米×980毫米　1/16		
字　　数	160千字	印　　张	16
版　　次	2020年2月第一版	印　　次	2020年2月第一次印刷
ISBN	978-7-5051-4931-1	定　　价	48.00元

欢迎品牌畅销图书项目合作　联系电话：010-57270270
凡购本书，如有缺页、倒页、脱页，本社发行部负责调换

自 序

习近平总书记指出,历史是最好的老师,它忠实记录下每一个国家走过的足迹,也给每一个国家未来的发展提供启示。历史是连续的,社会在发展运行过程中依然保持着很大的惯性,许多现实现象及其背后的规律,我们都可以在历史上找到影子,许多经验和教训都可以视之为警、明之为鉴。

品读历史,会感到历史与现实有着惊人的相似,或多或少给后人以启迪、警示和智慧。清代诗人龚自珍云:"何敢自矜医国手,药方只贩古时丹。"其意在借鉴历史经验和教训来治国理政。司马光主纂《资治通鉴》也是这个目的:历代王朝的治乱兴衰,犹如一面镜子,后人可对照借鉴,从中吸取经验教训。

英国哲学家培根有言:"如果你从肯定开始,必将以问题告终;如果你从问题开始,必将以肯定结束。"本书以强烈的问题导向,力求对36个历史人物进行深刻细致的剖析,用画龙点睛、提纲挈领的语言阐述历史镜鉴与启示,以古鉴今,以事说理,触发党员、干部深层次的思考与领悟，不断提升领导能力，推进国家治理体系和治理能力现代化。

何如早散桥仓粟，结取臣民亿万心 001

商纣王攻克东夷，奠定中国统一的最初规模，功不可没，可是后来德政衰败，骄奢淫逸，消磨了斗志。从妲己之言，作新淫之声，制炮烙之刑，剜比干之心，凭借暴力维持统治，结果众叛亲离，亡于"淫虐"，其历史教训尤为深刻。

只知一笑倾人国，无端烽火烛穹苍 007

西周的灭亡，主要是西周末期几代统治者生活上荒淫无道、政治上昏聩混乱所致。
"恃宠娇多得自由，骊山举火戏诸侯。"不爱江山爱美人的周幽王，为博取爱妃一笑，竟视国家安危为儿戏，乱举烽火，戏弄诸侯，落得个国破家亡，没有了江山，也没保住美人。

得人者治，失人者乱 013

一个国君私欲多了，就不能明察事理，奸臣就容易得势，祸国害民。齐桓公善用两位贤才辅佐，拿下了第一个霸主的宝座。但他晚年昏庸，导致国家大乱。

托名仁义直徒劳 020

宋襄公不自量力，又十分迂腐。在刀光剑影的泓水之畔，在强大的敌军压境面前，愚蠢地死搬"仁义"的信条，看敌人未渡完河、未布好阵而不进攻，放弃有利时机，导致战役失败，自己只好落荒而逃。

· 理政古鉴 ·
——从历史中汲取走向未来的智慧

荣华花上露，富贵草头霜 027

　　吕不韦很有经商头脑，买卖红火，富可敌国；他又是一位很特殊的"风险投资家"，驰骋于商场与政界。吕不韦始终以商人投机的心态和"赢利"的价值观处理事务，贪权揽势，处处当主角，一味收买人心，混淆了宰相与帝王之间的界限，声势显赫时没想到功成身退。

天欲亡秦果在胡 035

　　把秦朝送进坟墓的主要人物，不是陈胜、吴广，也不是项羽、刘邦，而是朝廷内官德沦丧、暴虐得出奇的赵高和胡亥。赵高多才而善诿，大奸似忠，大诈似直，被秦始皇宠信于朝野，挟帝为虐，专权自恣，玩弄诡计，作恶多端，最终被钉在了历史的耻辱柱上。

功成当知谋身退 043

　　唐代胡曾诗云："上蔡东门狡兔肥，李斯何事忘南归？功成不解谋身退，直待云阳血染衣。"李斯品德卑劣，极端自私，最终落得身死名辱的可悲结局。

平流无石有沉沦 048

　　霍光入侍汉武帝近30年，忠诚、奉公、谦谨，在汉代与萧何并称名相。可惜后来在权势面前不知收敛，逐渐呈骄傲、专横之态，专制擅权，跋扈于朝。尤其是霍光只为子孙谋富贵，不教子孙养德义，不能严格管教自己的妻子儿女，放纵宗族不奉公守法的恶行，为霍氏家族留下祸根。霍光之悲剧，给后人以深刻教训。

古今不少危亡祸，半自蛾眉误主聪 055

　　汉成帝宠幸赵飞燕姊妹，荒淫而误国。西汉王朝从此一蹶不振，日落西山。唐代王翰《飞燕篇》云："古来贤圣叹狐裘，一国荒淫万国羞。"许多王朝走向衰落，一个重要原因就是君主们贪恋美色，奢靡无度。

　　淫之祸并不止于淫本身，贪色和滥用权力往往联系在一起。为了猎色，一些人不惜滥用手中的权力，结果导致一系列祸患发生。

目录

事之至难，莫如知人 061

　　王莽城府极深，外示敦厚恭俭，内怀奸诈贪毒，大奸似忠，利用弄虚作假、矫情作伪的手段收拢人心、赢得赞誉，大权在握便暴露出篡权窃国的真面目。他任意胡来，朝令夕改，不合时宜地想恢复周礼，恢复井田制，可惜是开倒车，终使天下大乱。

财富人所羡，但须问来源 066

　　石崇富甲天下，财色俱贪，狂傲斗富，是西晋王朝奢靡、腐朽、败亡之风的缩影。老虎因贪羊而落入猎人设下的陷阱，鱼儿因贪诱饵而丢掉性命。不义之财拿到手，终会成为灾祸。

身危由于势过，祸积起于宠信 071

　　从桓帝开始，东汉政权开始走下坡路，权臣梁冀无疑加速了东汉灭亡。蔡东藩在《后汉演义》中说："天道喜谦而恶盈，福善而祸淫，观诸梁冀夫妇，而为恶者当知所猛省矣！"诸葛亮在《出师表》中说："亲小人，远贤臣，此后汉所以倾颓也。"

毕竟英雄谁得似，脐脂自照不须灯 077

　　不识时务，不知进退，过高地估计自己的力量，是董卓败亡的重要原因。他既无德，又无才，却自以为功高盖世，还要当皇帝，招致各方面的反对和讨伐，最终身败名裂。

鹦鹉能言已受奴，祢生杀身为舌误 082

　　一位未经历练的青年才俊，博学多才，卓尔不群，其《鹦鹉赋》可与贾谊《鹏鸟赋》媲美，但他缺少志士仁人应有的素质。祢衡个性张扬，恃才、狂傲、过激，失去了起码的自知之明，招来无数的怨恨。

· 理政古鉴 ·
——从历史中汲取走向未来的智慧

一从天下无真主，瓜割中原四百春 088

官德沦丧、腐化堕落往往是社会动乱的导火线。晋惠帝司马衷懦弱无能，故而形成了戆帝当朝、悍后专政的局面——贾皇后呼风唤雨，大权独揽，淫虐、暴戾。西晋政权从贾南风被立为皇后之日起，政局便处于动荡不安中。

空知勇锐不知兵，困兽孤军未可轻 094

苻坚是中国历史上杰出的皇帝之一，统一了黄河流域的广大地区。但由于战争的胜利，苻坚逐渐骄傲，一意孤行，加之没有高瞻远瞩的战略思维，对敌人滥施"仁义"，结果在淝水一战中，被弱小的东晋军队击败，比曹操兵败赤壁还惨。苻坚由盛而衰的过程，值得深思。

为君之道，必须先存百姓 101

隋炀帝自恃才高，骄矜自用。他认为天下人可以听凭一己指使，用人不当，去贤用佞，实施暴政，滥用民力。结果政治危机四伏，各地起义风起云涌。他曾嘲笑陈叔宝过于昏庸，可他奢侈荒淫，"口诵尧、舜之言，而身为桀、纣之行"，最终饮下了自己酿的苦酒。当年曾问后庭花，痛哉隋亡亦似陈。

忘恩负义本卑鄙，农夫和蛇当借鉴 110

宋之问逃归洛阳后，不但不感激有恩的张仲之、王同皎，而且脸厚心黑，过河拆桥，演绎了农夫和蛇的故事，无耻到了禽兽不如的地步，最后被下诏赐死。

居安思危忧天下，常出诤语重千金 114

魏徵（580—643），字玄成，祖籍巨鹿下曲阳（今河北晋州西），一说馆陶（今河北馆陶）人，唐代初期卓越的政治家。他的青少年时代是在隋朝度过的。《旧唐书》在《魏徵传》的开头说他："好读书，多所通涉，见天下渐乱，尤属意纵横之说。"

— 目录 —

阴阳神变皆可测，不测人间笑是瞋 ……………………123

"笑里藏刀"这个成语，是形容唐朝宰相李义府的：平时装出一副温和、恭顺的样子，内心却嫉贤妒能，一肚子坏主意，暗藏杀机，时常下绊子，用软刀子杀人，人们都说他是"笑里藏刀"。他先后陷害了褚遂良、韩瑗、长孙无忌等元老宰臣。

知人必须辨其意，识人必须察其行 ……………………128

开元盛世，一位被称为"解语之花"的红粉知己，使历史上多了一位爱江山更爱美人的帝王，同时也终止了他的英雄生涯。李隆基在晚年志满意骄，渐衰忧勤之心，怠于政事，高居无为，奢靡日甚，疏贤亲佞，重用奸臣，坏了大事。正是：盛也玄宗，衰也玄宗。

偏听生奸，独任成乱 ……………………137

李林甫少年得志，颇为得意。他不学无术，阴柔狡诈，迎合旨意，夺得相位，开始了唐朝奸臣专政、飞扬跋扈的时代。李林甫久居相位，自专大权。唐玄宗"怠于政事"，大权旁落。前车之鉴惨痛，后人应当吸取教训。

为治之要，莫先于用人 ……………………146

靠钻营向上攀爬，是政客的投机之道，有的还反误了卿卿性命。杨国忠本来是一个无赖军人，既无常识，又欠修养，靠裙带关系爬上高位，到处安插亲信，排斥异己，腐败贪婪，使天宝朝廷的威望一落千丈。特别是在对付安禄山的问题上，他故意推波助澜，使一场大灾难终于降临。其兴也勃焉，其亡也忽焉。

白石似玉，奸佞似贤 ……………………153

安禄山是一个大奸似忠、狡黠奸诈的野心家："凶逆之萌，常在心矣"，"包藏祸心，将生逆节"。他装出一副憨直老实和忠心耿耿的样子，以"外若凝直"的表象，来掩盖"内实狡黠"的本质，其反叛"谋逆十余年"，算得上是玩弄手段的大师。

意趣清高，利禄不能动；志量远大，富贵不能淫 158

  李煜即位时，国运穷蹙，元气大伤，南唐已经在走下坡路了。李煜主政15年，虽不是暴君，却是怠于政事的昏君。他缺少治国安邦的能力，缺乏辨别忠奸的眼光，沉湎于酒色，朝政日渐荒疏，形势岌岌可危，已经无力挽回败局。毁国败家的后主，"日夕以眼泪洗面"，自取其辱也。

千淘万漉虽辛苦，吹尽狂沙始到金 164

  秦桧诬陷并杀害了名将岳飞，制造了一起人神共怒的千古冤狱。秦桧最终没有好下场，夫妇二人的铁像至今还跪在杭州岳飞庙里，天天受人唾骂，真是弄权一时，凄凉万古。

惟诚可以破天下之伪，惟实可以破天下之虚 171

  一切罪恶的背后，都可以看见欺骗和谎言或浓或淡的阴影。贾似道靠裙带关系起家，爬上权力的顶峰，把持南宋理宗、度宗两朝朝政，独揽朝纲。他没有指挥才能，更无作战勇气，靠的是耍手腕——瞒和骗。满朝文武懦弱是真，贾似道忠勇却是假，最后落得个人人唾弃的可耻下场。

善恶到头终有报，只争来早与来迟 178

  历史上任何朝代，有一个规律：昏君身边必有奸臣。明朝中叶以后，昏君竟出，司礼太监的权势极大。《明史·严嵩传》说："嵩无他才略，惟一意媚上，窃权罔利。"皇帝昏庸，严嵩窃居权要，是导致各种内忧外患的关键因素。

事极必反，反正不远 187

  明朝后期，皇宫内的太监多至10万人。明末太监魏忠贤不仅仅是无才无德，他更野心觊觎至高无上的皇权，擅权乱政7年，将宦官恶政发展至顶峰。他掌权期间媚上欺下，迫害异己，安插亲信，势焰熏天，使朝廷无干臣，边疆无良将，百姓无宁日，败坏了官场和国家的风气，直接导致17年后明朝的灭亡。

目录

谗邪之所以并进者，由上多疑心 193

　　崇祯帝励精图治，却又刚愎自用、反复无常，排除了阉党，但仍然信任宦官。他有极重的猜疑心，且很愚笨，外中皇太极的反间计，内惑于阉党余孽的流言蜚语，冤杀了名将袁崇焕，"自毁长城"，照比刘秀、赵匡胤差之远矣。

立掀天揭地的事功，须向薄冰上履过 201

　　李自成领导的起义军，英勇善战，南征北讨，纪律严明，推翻了明王朝。李自成却陷入了一种胜利者的盲目喜悦中，开始沉迷声色，终激起了天怒人怨……他没有真正想过如何治理国家，在政权建设、军队建设、建国治国方面拿不出任何方略。

人间随处有乘除，万事浮云过太虚 208

　　年羹尧、隆科多一武一文，堪称雍正帝倚重的"左膀右臂"。年羹尧曾辅佐雍正登基，春风得意，事业有成。年羹尧颇具才气、屡立战功，威震西陲，但恃宠骄纵，不知收敛自己，其莫大成功和惊天惨败，让人感慨、叹息。

机关算尽太聪明，反被聪明误 214

　　和珅为人狡黠，善于逢迎，结党营私，挟私报复，为正直之士所不齿。他掌权20余年，排除异己，屡兴大狱，贪污风行，使世风为之一变。和珅是中国历史上有名的大贪污犯，囚在狱中写了不少感怀之诗，其中有"聪明反被聪明误"的慨叹……

龙袍纵有新颜色，天国依然旧典章 221

　　太平天国"其兴也勃，其亡也忽"，其速度之快和时间之促，是历史上罕见的。太平天国运动失败的原因，从主观方面而言，主要是领导集团在政治上提不出科学合理的纲领；定都天京后，为防大权旁落，洪秀全一反前期用人路线而"任人唯亲"，形成一个排斥异姓的洪氏集团，使得后期政治日益腐败；军事战略上出现连续失误，使得自身力量逐渐耗尽。

· 理政古鉴 ·
——从历史中汲取走向未来的智慧

叹黎民膏血全枯,只为一人歌庆有 228

慈禧的一生几乎与中国近代史相始终。在同治和光绪两个皇帝在位的前后50年间,这个阴险、专权的女人将狠和柔融合在一起,登上中国政治的顶峰,掌天下大权达47年之久。她玩弄政治权术,挥霍民脂民膏,镇压农民起义,扼杀变法,使中国的前途更加黑暗。

世路无如贪欲险,几人到此误平生 236

袁世凯是个乱世枭雄,也是个"厚黑学"典型。在晚清复杂的政治格局中,他八面玲珑,善于投机,惯施两面派伎俩。他以戊戌六君子的一腔热血染红自己的顶戴花翎。袁世凯开了历史倒车,其来也骤,其去也速。这充分说明,洪宪称帝是出历史闹剧、丑剧。

何如早散桥仓粟，结取臣民亿万心

◎ 商纣王攻克东夷，奠定中国统一的最初规模，功不可没，可是后来德政衰败，骄奢淫逸，消磨了斗志。从妲己之言，作新淫之声，制炮烙之刑，剜比干之心，凭借暴力维持统治，结果众叛亲离，亡于"淫虐"，其历史教训尤为深刻。

商朝以商汤开国，奠定了商王朝发展的基础，中间经盘庚、武丁等明君"中兴"，商王朝走上鼎盛，传到第31代君主纣王，共延续500多年之久。周大夫王孙满说："商纣暴虐，鼎迁于周。"

帝乙死后，帝辛继承了王位，他就是商纣王。纣王相貌英俊，才思聪敏，能言善辩，文武双全。史书上说纣王力大无比，能托梁换柱，甚至能"倒曳九牛"，而且才识卓异，深谙韬谋，能征善战。

纣王即位后，亲自率领大军，多次征讨东夷。东夷不是一个统一的部族，而是许许多多小部落的总称，比华夏族落后得多。在战场上，纣王往来冲杀，一人能对付好几个人，吓得东夷人一看纣王的旗子就赶快掉头逃命。纣王指挥商军一直打到长江下游，俘虏了成千上万的东夷人。

纣王平定东夷，打通了中原和东南一带的交通，使得两个地区的民族来往密切了。东南一带的人们吸收了中原先进的文化，利用当地优越的自然条件，发展了生产。最早开发我国东南地区和长江下游地区时，纣王是有过贡献的。

纣王理应大有作为，但他的聪明才智没用到正地方。他强迫成千上万的奴隶，用7年时间在朝歌建造了一座新的宫殿——鹿台。它比夏桀留下的瑶台还要富丽堂皇，朝歌远近的景物尽收眼底。

纣王"酿酒为池肉作林，深宫长夜恣荒淫"，让男女们裸身嬉玩追逐，作奇技淫巧以悦之，使师涓作新淫声，观北里之舞，听靡靡之音，尽情享受。

商代刑法繁多，《吕氏春秋》说商代有"刑三百"。纣王为了逗美人妲己开心，新设了"肉醢（hǎi）""炮烙"等酷刑。肉醢即把人剁成肉酱，炮烙即在铜柱下烧火，让人走在烧热的铜柱上，人的脚被烫到就会掉下铜柱被火烧死。纣王宠爱的妲己看了这惨无人道的场面，竟然仰天狂笑不止。纣王为了博得妲己一笑，滥用重刑，残杀无辜不计其数。

纣王还远贤近逸，将阿谀奉承的费仲、惯说别人坏话的恶来视为心腹并提拔重用。

纣王如此荒淫残暴，不是没有人规劝他。史书上多次提到微子、箕子、比干劝说纣王停止淫乱的行为，这三个人被孔子誉为"三仁"。

微子是纣王的兄长。他当然不愿商王朝灭亡，眼见商衰周兴，心如火焚，数次劝谏纣王。纣王不听，仍然肆行无忌。微子说："人臣

何如早散桥仓粟，结取臣民亿万心

三谏不听，则其义可以去矣。"于是离开纣王隐身而退。

太师箕子是纣王的叔父。他很有识人的睿智和敏感，能从人的生活细微之处觉察到人的变化。有一天，纣王说他不喜欢用粗陋的餐具了，让属下给他做一副贵重的象牙筷子，引起箕子的深深忧虑。箕子由此事推断纣王今后必然要用犀玉酒杯，必然想得到远方的奇珍异宝，必然不会再吃粗粮饭、不愿穿粗布衣裳，就会逐渐奢侈淫逸。于是箕子多次给纣王提意见，希望他不要追求奢侈淫逸的享受，向他提出治理国家的主张和办法。

纣王根本不接受。有人劝箕子也走吧，离开这个是非之地。箕子说："为人臣，谏不听而去，是彰君之恶而自说于民，吾不忍为也。"于是散开头发，假装疯癫，去给人家当奴隶，受尽屈辱。就这样也没逃脱纣王的魔掌，被囚禁起来，直到武王伐纣灭殷以后才被释放。

比干被纣王任命为少师，他也是纣王的叔父。比干见纣王建造高大的鹿台，沉湎酒乐，苛政暴敛，而周文王势力渐大，非常忧虑。他叹道："主过不谏，非忠也；畏死不言，非勇也；过则谏不用则死，忠之至也。"——国君有过错，臣子不劝谏，那是不忠；怕死而闭口不说，那是不勇敢；用自己的生命去劝谏，这才是最忠诚的表现啊！

比干抱定这一信念，一连三天向纣王进谏，直言批评他的暴虐。纣王责问道："你依仗什么，竟敢如此大胆妄为？"比干从容答道："修善行仁，靠的是做事正确。"纣王恼羞成怒，吼叫道："照你这样说来，我是一个昏君，你则是一位圣人。我听说圣人的心脏都有七个孔窍，今天我要把你的心剜出来，看个明白！"说罢，便命武士将比干剖腹剜心，细加端详。一位忠心耿耿的大臣就这样惨遭杀害了。屈原在《天

· 理政古鉴 ·
——从历史中汲取走向未来的智慧

问》中诘问:"比干何逆,而抑沈之(比干有何悖逆之处,而至于遭受压制打击)?"

比干的惨死,震动了朝廷内外。纣王对大臣们尚且如此,对百姓就更是肆无忌惮了。百姓实在生活不下去了,四处逃亡。

早已等待时机的周武王起兵伐纣。牧野之战,大败纣军。纣王踉跄地爬上鹿台,见众叛亲离,一队周国士兵正举着大刀,呐喊着向鹿台冲来,自知死期已到,便穿上宝玉衣服,自焚于鹿台,结束了一生。

【评 点】

商纣王与夏桀王的性格和命运惊人地相似。商纣与夏桀被后人列为暴君的典型,后人并称他们二人为"桀纣"。商朝末年的政治状态,再现着夏朝末年的腐败图景。

公元前1075年纣王继位,当时商朝开国已经500多年了,国力雄厚,物阜民丰。他继位之初,也是一个颇有作为的君主,尚能励精图治,功劳很大。毛泽东在评价纣王时说:"其实纣王是个很有本事、能文能武的人。他经营东南,把东夷和中原的统一巩固起来,在历史上是有功的。"大批战俘成为商朝的奴隶,也有力地促进了商朝农牧业和手工业的发展。

我们评价历史人物,功绩归功绩,罪过归罪过,不能因为他后来犯了错而否认他先前的功绩,也不能因为他前期的功绩而隐去他曾做过的坏事。

古代确有这种情况:胜利者往往把失败者描绘成民贼独夫,以证明己方的仁义与正确,以利于巩固统治。孔子的学生子贡说:"纣之不善，不如是之甚也。"意思是纣的不善，并不像后世所说的那么过分吧。子贡认为是后世把天下的恶名都归到纣王身上了。孟子在《公孙丑上》中也说：纣王执政时，因为距离贤君武丁的年代并不久远，当时的良好民俗、先民遗风、仁慈的政治传统等都还保留了不少。

说美貌倾城的妲己导致商纣王败亡，过于片面，商朝灭亡的根本原因是殷商统治集团政治腐朽。战争的胜利冲昏了纣王的头脑，他开始追求荒淫无道、花天酒地的生活。生活上荒淫腐败，必然导致政治上的倒行逆施。

历代许多君王刚愎自用，掩盖自己的过错，拒绝听取别人的意见，身边会集一批溜须拍马之徒。如夏桀横征暴敛，拒绝臣子关龙逢之谏；吴王夫差不听伍子胥劝告，反而听信谗言杀害忠良；金朝完颜亮"专任独见，不谋臣下，以取败乱"；而商纣王也是这样的。

最初，纣王还算比较贤明，也能听进比干等一批忠臣的劝诫。但自从亲近奸臣，他的生活便开始变得荒淫无度、骄奢糜烂了。"生骄逸之端，必践危亡之地。"（唐·吴兢《贞观政要·君道》）——出现骄纵淫逸的苗头，发展下去，必定踏入使国家危亡的境地。

历史上因奢靡而亡国丧身或被赶下台的统治者，不胜枚举。禹教民有方，却教子无道。禹的孙子太康继承了王位以后，奢靡成风。《尚书·夏书·五子之歌》中记载：太康身居高位却不理政务，放纵享乐而丧失德行，沉迷游猎而没有节制，民众都怀有二心。多行败德毙自先，太康奢靡败家国。

商代后期，纣王荒淫暴虐，耽于酒色，滥施淫威，劣迹斑斑，不惜巨资，造离宫别馆，筑亭台楼阁，消磨了斗志，恍惚于靡靡之声，

理政古鉴
——从历史中汲取走向未来的智慧

流连于奇珍异宝,放荡于"酒池肉林"。

"国将兴,必赏谏臣;国将亡,必杀谏臣。"(范祖禹)司马迁评论纣王:"智足以拒谏,言足以饰非。"纣王根本不听那些正直的大臣的进谏规劝,反把他们施以炮烙或折磨致死,导致贤臣越来越少。

纣王在统治的后期,暴虐凶残,重刑厚敛,杀害忠良,失掉民心,众叛亲离。对东方进行长期的战争,无法回师,军事部署失衡;对周人的战略意图缺乏警惕,放松戒备;作战指挥上消极被动,加上商军许多部队倒戈,周武王乘虚而入,结果落得国破身亡。

■ 酿酒为池肉作林,深宫长夜恣荒淫。何如早散桥仓粟,结取臣民亿万心。
——〔宋〕王十朋

■ 藐视下级的忠告是愚蠢的,首先应当考虑下级提出的是怎样的忠告。
——〔俄国〕克雷洛夫

只知一笑倾人国，无端烽火烛穹苍

◎ 西周的灭亡，主要是西周末期几代统治者生活上荒淫无道、政治上昏聩混乱所致。

"恃宠娇多得自由，骊山举火戏诸侯。"不爱江山爱美人的周幽王，为博取爱妃一笑，竟视国家安危为儿戏，乱举烽火，戏弄诸侯，落得个国破家亡，没有了江山，也没保住美人。

周宣王姬静继位以后，励精图治，周王室权威恢复，四夷咸服，史称"宣王中兴"。可是，周宣王到了晚年，开始沉湎于酒色，懒于治理朝政。他的儿子姬宫湦继位，即周幽王，是西周王朝的第12任君王。

周幽王（？—前771），是个亡国之君。他继承王位以后，由于连年旱灾，加之地震、山崩，民众饥寒交迫，四处流亡，国力衰竭，动荡不安。周幽王在奸佞嬖幸、宠臣爱妃包围之下，失去了起码的清醒，沉醉于花天酒地之中，使西周王朝迅速走向衰败。

周幽王是个无道的昏君，只知道吃喝玩乐，打发人四处为他寻找美女，荒淫无度，常常几个月不理朝政。大夫褒珦听说后，就急忙入朝，劝说幽王："吾王不畏天变，黜逐贤臣，恐国家空虚，社稷不保。"幽王大怒，将褒珦关进监狱。

褒家的人想了许多法子，设法营救褒珦，都没有成功。后来，褒珦的儿子洪德巧遇绝代美人褒姒，回家对母亲说："当今天子荒淫无道，正在四处搜罗美女。若将褒姒买来献上，以救父亲出狱，这是散宜生救文王出狱的计策啊。"

母亲同意后，洪德不惜财帛，用百金买来褒姒，香汤沐浴，教以歌舞，进献幽王，投其所好。幽王见褒姒国色天香，四方贡献不少美女，不及褒姒万分之一，顿时欣喜若狂，当即赦褒珦出狱，官复原职。

褒姒原是孤儿，身世比妹喜、妲己更为离奇曲折。她的忧郁症很重，宫廷里无人知道她内心深处的痛楚。幽王得了褒姒，宠爱有加，与褒姒坐则叠股，立则并肩，饮则交杯，食则同器，不理朝政了。

为了博取褒姒的欢颜，周幽王竟头脑发昏地下诏废除正宫申王后，将她囚禁在冷宫，册立褒姒为王后。太子姬宜臼愤恨不平，找幽王理论，幽王一怒之下，废黜太子为庶人，将褒姒生的儿子伯服立为太子。在王位继承问题上，周幽王随个人好恶任意更替，于礼大谬，自然引起了朝中大臣们的普遍不满，加剧了统治集团内部的分裂。

周幽王将政务推给奸臣虢（guó）石父和尹氏管理，重用七个怙恶不悛的小人为执政大臣，结果是"小人在位，君子在野"。喜欢阿谀奉承的周幽王，讨厌逆耳忠言，致使大臣们"战战兢兢，如临深渊，如履薄冰"。有的大臣干脆离开京城。周幽王还贪得无厌，加重剥削，使百姓怨声载道，苦不堪言。

周幽王的昏庸残暴还表现在"烽火戏诸侯"上。褒姒是个平民百

• 只知一笑倾人国，无端烽火烛穹苍 •

姓的女儿，入宫后常常思念自己的亲人，不愿以身侍奉这位无道的昏君。她虽然美若天仙、艳如桃李，却冷若冰霜，老皱着眉头，过宫三年，谁都没见她笑过一次。周幽王觉得，这样的人笑起来岂不更加好看吗？周幽王为了博褒姒一笑，竟然悬赏求计：有能致褒姒一笑者，赏黄金千两！

善谀好利、专会出鬼主意的虢石父，为了讨好幽王，献上一计："当今天下太平，烽火台很久没有使用了，不如点燃烽火（古代的警报系统），叫诸侯们上个当，扑个空，娘娘在烽火台上观看，一定会笑的。"

幽王眯着眼睛说："此计甚善！"乃同褒姒并驾前往骊山，至晚设宴骊宫，传令举烽。

此时大臣郑伯友正在朝中，闻命大惊，急至骊宫奏曰："烽火台是先王所设以备缓急，所以取信于诸侯。今无故而点燃烽火，是戏弄诸侯也！以后倘若有不虞，即使举烽，诸侯必不信矣。将何物让诸侯发兵以救援哉？"

幽王一心只为博得美人灿烂一笑，不耐烦地说："今天下太平，何事征兵！朕今与王后出游骊宫，无可消遣，聊与诸侯为戏。他日有事，与卿无与！"遂不听郑伯友的劝阻，命人点燃了烽火，与褒姒在望边楼欢宴。

各路诸侯看见狼烟四起的警报，股股青烟直冲云霄，误以为外敌入侵，天子蒙难，赶紧带兵星夜兼程地前来救驾。诸侯们云集骊山脚下，风尘满面，却没有敌寇的踪影，人马交错，乱作一团，不过虚惊一场。褒姒站在高台上，看到这个狼狈滑稽的场面，禁不住开怀大笑起来。

诸侯们发现这是个恶作剧，上了大王的当，一个个怒气冲天，掉转马头，各回驻地。幽王非常得意，当即赏赐虢石父一千两黄金，并任用其为卿。民间传为"千金买笑"。

申王后受到迫害，太子宜臼只好逃到他的外公——申国的国君申侯那里躲藏。申侯对幽王充满怨恨。幽王得知后，于公元前772年兴兵讨伐申国，企图杀掉宜臼。申侯联合鄫国和犬戎，大举进攻镐京。

镐京少兵寡将，幽王根本敌不过两国联军，慌忙命人再次点燃狼烟。各路诸侯因为上次上了当，以为又是幽王戏耍他们，因而无人再相信狼烟报警信号，全都没有派兵前来。

幽王失信于诸侯，见援军不到，追悔莫及，只好携带褒姒和几个随从逃跑，在骊山下遭追兵杀死。褒姒则被犬戎军队掳走，从此下落不明。

周幽王死后，申侯的外孙、太子姬宜臼即位，这就是周平王。公元前770年，周平王鉴于镐京凄凉衰败，为避免外族的侵害，便迁都洛邑（洛阳），史称东周。

【评　点】

帝王的政治素质、思想品德乃至言谈举止，在很大程度上直接影响着封建王朝的兴衰成败。夏桀骄奢淫荡，宠爱妹喜，纵靡靡之乐，失掉天下。春秋时期卫国国君卫懿公好鹤而不顾百姓死活，沉湎于淫乐挥霍，兵败被杀。北齐高纬纵情声色，耽于游乐，成了亡国之君……

周朝的历史长达790余年。由于周公多年的言传身教，成王亲政后，基本上继承了文武两王对民仁政的传统，至其子康王在位，成为周王朝最繁荣、强盛的时期，史称"成康之治"。可惜好景不长，到康王的儿子昭王继位后，周王朝就开始逐渐衰落。

西周的灭亡，主要是西周末年几代统治者生活上荒淫无道、政治上昏聩无能所致。

周幽王即位以后，整日吃喝玩乐，不问政事。伯阳甫、赵叔带等几位忠直大臣，怀着忠义之心，劝他多理朝政，却相继被革去官职，撵出朝廷。只会逢迎拍马的虢石父、祭公、尹球被立为三公，委以重任。他为了讨好宠妃褒姒，竟不惜废掉王后及太子宜臼（申后之子），把褒姒扶为正宫，立褒姒之子伯服为太子，激怒了朝廷百官。

"赫赫宗周，褒姒灭之。"（《诗·小雅·正月》）法国蒙田说："美丽是女人的真正特权。"女人的美本身没有罪过。谁征褒姒入宫廷，遂使凡女成艳后？在那样一个王权与男权的社会里，作为一个没有任何政治势力的贫寒女子，她完全没有能力把握自己的命运，只能任人玩弄于股掌之上。她的一笑一颦之所以能关乎国家的兴亡，完全是有权力的统治者使然，所以，迷上褒姒，是周幽王自己的问题。假如幽王不昏庸，何至于此？褒姒作为历史的替罪羊，实在是无辜的。屈原在《天问》中说："周幽谁诛？焉得夫褒姒？"杀幽王的真正凶手，不正是宠幸褒姒的幽王自己吗？

乱举烽火，戏弄诸侯，结果付出了惨重的代价——酿成了惊天大祸——落得个国破家亡。幽王的"爱情"得到悲惨的回报，而"狼来了"的寓言，似乎也有了一个闻名的中国翻版。

褒姒的笑，不过是对幽王愚蠢做法的一种嘲笑。正如冯梦龙在《东周列国志》中所云："良夜骊宫奏管簧，无端烽火烛穹苍。可怜列国奔驰苦，止博褒姒笑一场。"

· 理政古鉴 ·
——从历史中汲取走向未来的智慧

　　周幽王不仅治国无术,而且视国家安危为儿戏,扮演了一个可笑的丑角,因而遭到世人的奚落与声讨。俗话说,君无戏言。君主要有威严,就要讲诚信。如果君主拿国家政策、军事法规当儿戏,朝令夕改,言而无信,就会失去威信,下属无所适从,产生混乱和怨怒。周幽王为博取褒姒一笑而烽火戏诸侯,一个骄纵的君主的嬉闹之举,在很大程度上成为西周被犬戎灭亡的导火线。周幽王死后,国家统治秩序陷于混乱。辛亏几个大封国,如晋国、郑国派军队前来解围,才赶走了犬戎。可是经过这次动乱之后,镐京(西周国都)几乎变为一片瓦砾场。周平王于公元前770年,不得不迁都到东面的洛邑。此后的五百多年间,中国便进入长期动乱的春秋战国时代。

■ 只知一笑倾人国,不觉胡尘满玉楼。

——〔唐〕胡曾

■ 男人们只有不为诱惑所动心,才算男子汉大丈夫。

——〔英国〕赖德·哈格德

得人者治，失人者乱

◎ 一个国君私欲多了，就不能明察事理，奸臣就容易得势，祸国害民。齐桓公善用两位贤才辅佐，拿下了第一个霸主的宝座。但他晚年昏庸，导致国家大乱。

在春秋初期，书写瑰丽史诗者，齐桓公也；演绎惨烈悲剧者，亦齐桓公也。同一桓公，先荣后辱，其重要原因在于用人。

齐桓公曾问管仲什么事会妨害霸业，管仲说："不知贤，害霸；知贤而不用，害霸；用而不任，害霸；任而复以小人参之，害霸。"

早年齐桓公设立了庭燎之礼，即在王宫庭院立起火炬，燃柴以照明，表明光明磊落地招纳俊才、礼贤下士，特别是他不计前嫌任用管仲，故有匡合之功，成为春秋第一个霸主。而他到了晚年，追慕奢华，沉迷酒色，开始宠信、重用竖刁、易牙、开方这三个奸佞之徒，最终使自己死无葬身之地。

竖刁从少年起就入宫侍候桓公。他善于察言观色，事事投桓公之所好。桓公有两大嗜好：喜食美味，喜好女色。竖刁就想方设法为桓公找美女。

竖刁极会讨好齐桓公，为的是获得权位。他经常在桓公面前诋毁管仲。一次，他与易牙合谋，觐见桓公说："'君出令，臣奉令'。现在齐国只知道有管仲，不知有君王矣。"桓公当时并不昏庸，不听他们的挑拨，说："我与管仲的关系，犹如身体与手足一样，有了手足，人的身体才健全。我现在有了仲父，才真正是国君。这个道理，你们怎么能懂得呢？"桓公信任管仲而不疑。

竖刁并不就此罢休，又百般献媚桓公最宠爱的妃子长卫姬，与她勾结，串通一气，鼓动长卫姬请求桓公立她的儿子无亏（又名无诡）当太子。

桓公暗中答应了这个要求。后来由于管仲反对，桓公确立了公子昭的太子地位，才没有让竖刁的阴谋得逞。

易牙善于御射，精通烹调技术，由此得以入宫，主管桓公"割烹之事"。有一次，易牙见长卫姬生病，不思饮食，便精心制作美味，长卫姬食后精神好转。从此，易牙与她保持着暧昧关系。

有一次，齐桓公同易牙开玩笑，说没尝过人肉，不知人肉是什么味道。于是易牙就把自己3岁的儿子杀了，煮成肉羹，献给桓公。桓公觉得味道极美，赞不绝口，认为易牙爱他而舍其子，从此对易牙另眼看待，倍加宠信。

开方本是卫国懿公的长子，长卫姬的侄子。因觉卫国褊狭穷困，便放弃了继承权，来到繁华富庶的齐国，做了普通的臣僚。他见齐桓公好色，就把自己两个年轻貌美的妹妹献给齐桓公，她们均得到了齐桓公的宠爱。他在桓公手下为臣，15年没回家看望父母。

• 得人者治，失人者乱 •

齐国的忠直大臣，看不惯这几个人的所作所为，看穿了他们的狼子野心。公元前649年，管仲奉齐桓公的命令，带兵去援助周王室，回来不久便病倒了。

管仲病重期间，仍然念念不忘国家的前途和命运。有一天，齐桓公去看望管仲，问在管仲之后谁能任齐相。管仲语重心长地说："隰（xí）朋为人忠厚，可以管理国事；易牙、竖刁、开方是三个小人，不可重用，当远之。"

齐桓公便问："易牙烹煮了自己的儿子给寡人做肉羹，难道不是真心对寡人好吗？"管仲说："连亲生骨肉都不爱惜的人，怎么会忠于国君呢？！"

齐桓公又问："那么竖刁把自己的阳物都阉割了，他对寡人的忠心不是超过了爱惜他自己的身体吗？"管仲说："能忍下心残害自己的身体，违反人之常情，对国君又有什么狠不下心的。"

齐桓公再问："公子开方是卫国的太子，却侍奉寡人15年，这还不忠诚吗？他的父亲去世都不回去奔丧，他爱寡人超过了孝顺父母呢！"管仲语重心长地说："开方放弃了太子的地位来侍候您，可见他的野心很大。人之最亲莫过于父母，开方对父母尚且如此无情，又怎会对您忠诚呢。您千万不要重用他，否则，会给国家带来祸乱！"

管仲死后，齐桓公按管仲的提议，任命隰朋为相，疏远了易牙等人。不料，隰朋任职不到一个月就病死了。桓公又让鲍叔牙接替相位，鲍叔牙坚辞不受。桓公询问原因，鲍叔牙直截了当地回答："我好善憎恶，这您是了解的。您一定要用我，请将易牙、竖刁、开方三人逐出宫廷，我才敢奉命就职。"桓公无奈，只好说："管仲早就说过了，我还能不听你的意见吗？"于是，当天就将竖刁、易牙、开方三人免职，并不许他们再回朝廷。鲍叔牙见桓公如此处置，便受命接了国相一职主掌朝政。

竖刁等人被赶走，桓公就像掉了魂儿似的，吃不下饭，睡不着觉，整天愁眉苦脸，闷闷不乐，旧病复发，不理朝政。竖刁等人跑到长卫姬那里痛哭流涕，哀求她挽救败局。

长卫姬鼓励竖刁等人说："君王年老，在世的日子不多了，只要无亏得以继承君位，齐国的大权还能不与诸位共享吗？"长卫姬又对桓公说："自从易牙离开后，君王连吃饭都不香了，君王这么大年纪，何必自己苦着自己呢！"她请求桓公让他们回宫。

桓公说："他们三人有益于寡人，无害于国家，管仲说得也太过分了！"于是将这三个人召回宫中，官复原职。从此这几个人将齐桓公牢牢控制在自己手中。鲍叔牙见此情景，急怒攻心，没多久就发病而死。

公元前643年，齐桓公患重病。儿子们为争夺君位开始互相残杀。一直在桓公身边殷勤备至的竖刁、易牙等人突然变脸，对桓公撒手不管，假传桓公旨意，堵塞宫门，不准任何人进宫。

只有宫女晏娥设法溜进齐桓公住所来看他。齐桓公饿坏了，求她弄点吃的来。晏娥告诉他，易牙、竖刁作乱，封锁宫廷已经很久了。齐桓公泪流满面地说："管仲真是有远见啊！他所看到的，难道不是事物深远的本质吗？如果我听他的话，不至于弄得这么惨。我有何脸面见仲父啊！"

结果一代霸主齐桓公，竟然饿死在宫中。晏娥也撞柱而亡。相传

• 得人者治，失人者乱 •

桓公死时，衣袖蒙脸，想必也是心中悔恨，无颜见管仲于地下。

桓公饿死后，竖刁等人发动政变。桓公的遗体在床上放了67天，已腐烂发臭，无人过问，最后还是两位老臣出面，将桓公遗体收殓。

【评　点】

翻开二十五史，总能看到小人的身影。小人人格卑下、品行恶劣，为达到个人目的而不择手段。人世间小人虽为少数，但造成的危害不可低估。权力周围常有小人。小人是权势的衍生物，只要有权力在，总有攀附权力的小人。

齐桓公成为春秋初期的第一位霸主，显赫一时，其主要原因是任用两位贤人。前者是管仲，后者为鲍叔牙。可是，齐桓公晚年意志衰退，追慕奢华，沉迷酒色。一个国君的私欲多了，贪图享乐，追求奢靡，自然不能明察事理，不能明察事理，奸臣就容易得势，奸臣得势就会祸国害民。

齐桓公能识得好人，却识不得奸人，开始宠信、重用竖刁、易牙、开方等奸佞小人。管仲病危时，对这三位小人都做了分析和揭露，认为他们都另有所图，不可委以重任。

管仲死后，鲍叔牙无权，齐桓公又重用了这三个为人险恶的奸佞小人。齐桓公死后，五子争权，国内混乱，齐国失去霸主地位。桓公一世英明，最后却把朝廷搞得惨不忍睹，把强大的齐国搞得贫弱不堪，教训非常深刻。

小人的晋升，往往与其才干、政绩无关，而主要取决于权势者的赏识、信任与欢心。一些执权人有个很大的弱点，就是只在乎下属听不听话，顺不顺从。小人善做"感情游戏"，耍两面手法，从问寒问暖到小恩小惠，只是手段而已，时机一到，便立刻翻脸，卖主求荣。

能做出不近人情世理之事的人，其内心往往包藏着不可告人的企图和险恶目的。管仲的识佞术，就是依据"人之常情"。一般来说，做出超越人之常情之事的人，定有阴谋，必有他图。要弄清这种"超越"行为之后的目的和动机，加以防范和警惕。易牙、竖刁、开方他们在齐桓公面前所做的那些超越人之常情的事，看起来是"大忠""大敬"的表现，其实是假象、伪装，把齐桓公迷惑住了。

识别贤佞是正确用人的前提条件，关系到事业的兴衰、国家的治乱。周幽王、周厉王在位时，为什么政局不稳、民不聊生？主要是任用奸佞却以为是贤才。齐桓公、秦二世曾嘲笑周幽王、周厉王，却分别任用竖刁、赵高。正是：成在识人，败也在识人。"得人者治，失人者乱。"唐明皇在前期不失为一代英主，但他后来重用李林甫、杨国忠、安禄山，造成"安史之乱"，差点葬送唐王朝。

有时，品行好、能力强的人不一定能得到升迁，德才皆差之人也未必不被重用，甚至有些溜须拍马的人春风得意，成为官场的"不倒翁"，而正派耿直者却不吃香。

表面认识一个人不难，但要了解一个人的内心不易。鉴人识才之难，难在识别伪装。有的金属闪闪发光，表面给人以好感，但不是金子。身边有"宝"而要识"宝"，但不应受闪光的东西迷惑而视为宝。

《三国演义》中的吕布，武艺超群，却爱财爱美色。他早年投奔丁原，丁原很器重他的武艺之道，却忽视了他的德行。结果，董卓只用小恩小惠即买其人心。吕布利欲熏心，反手杀害了丁原。同样，王

• 得人者治，失人者乱 •

允知其贪恋财物美色，将美女貂蝉许配给他，用反间计挑拨吕布与义父董卓之间的关系。为得美女貂蝉，吕布与董卓争风吃醋，反目成仇。吕布先迷于财，后惑于色，又亲手杀了器重他的义父董卓，最后被曹操所杀。董卓的教训同样是不能识人，不识吕布的品德。

利用他人之喜好以迎合之，阿谀奉承，进而以售其奸、兴风作浪，成了古往今来小人们的拿手好戏。只要滋生这种伪善、阴谋的土壤存在，就会有人使用它。一旦小人取得掌权者的宠信，羽毛丰满起来，其真面目就会暴露出来，翻脸不认人，对施恩者反咬一口。竖刁一类奸佞小人之丑行，以及齐桓公之惨败，值得深思、再深思。

■ 善善不汲汲，后时徒悔懊。

——［唐］韩愈

■ 所有颜色，五彩缤纷，数不胜数，但是应当分辨它们。

——［苏联］阿·巴巴耶娃

托名仁义直徒劳

◎ 宋襄公不自量力，又十分迂腐。在刀光剑影的泓水之畔，在强大的敌军压境面前，愚蠢地死搬"仁义"的信条，看敌人未渡完河、未布好阵而不进攻，放弃有利时机，导致战役失败，自己只好落荒而逃。

齐桓公临终前，把他立的太子姜昭托付给宋襄公，让他帮助姜昭继承君位。齐桓公死后，竖刁、易牙、开方发动政变，姜昭只好逃到宋国，请宋襄公给他做主。

宋襄公，春秋时期的君主（前650—前637年在位）。公元前642年，宋襄公见齐国内乱，其霸主地位已如江河日下，欲仿效齐桓公称霸中原。为此，他联合几个小国出兵，打败了政局不稳的齐国，帮助太子姜昭当上齐国国君，是为齐孝公。

公元前639年，不自量力的宋襄公有些飘飘然，没有看到自己的国力根本无法与齐国相比，却准备在盂城召开诸侯会议，让与会诸侯正式推举他为霸王。宋襄公说："我查阅了齐桓公九合诸侯的资料，发现了一个真理，就是谁发起会议，谁就会当霸主！"宋襄公的庶兄

托名仁义直徒劳

目夷见劝阻不了，只好退而求其次："那您开会的时候，得多带些兵马，以防不测。"襄公不解地问道："我们到底是去开会，还是去开战？"

不出目夷所料，各诸侯迫于楚国强大的实力，在诸侯会议上，纷纷表态拥立楚成王为盟主。宋襄公一看如意算盘落空，不禁大怒，指着楚成王的鼻子骂道："我的公爵是天子封的，普天之下谁不承认？可你那个王是自己叫的，是自封的。你有什么资格做盟主？"

楚成王说："奇怪了，你既然说我这个是假的，那你把我请来干什么？"宋襄公气呼呼地在会上"据理力争"，楚成王又好气又好笑，命令埋伏在附近的楚国士兵冲进会场，以破坏推选的罪名，把宋襄公抓了起来，拖到了战车上，押回楚国软禁。一心想当霸主的宋襄公却成了阶下囚。过了几个月，经过齐国和鲁国多方调解，楚成王才把宋襄公释放归国。

宋襄公称霸不成，不吸取教训，又想出用"仁义"感化诸侯的办法，图谋登上霸主地位。

公元前638年，宋襄公出兵攻打积极支持楚国为盟主、不肯俯首听命的郑国，而与郑国交好的楚国则直接攻打宋国。宋襄公慌了神，立刻命令宋军回兵解围，宋军行进到泓水时与楚军相遇。

宋军在泓水北岸布好阵势，而楚军尚未渡河。公子目夷向宋襄公献计："楚军人多，我方人少，趁他们渡河的时候，发起攻击，准能取胜。"宋襄公却说："人家还没渡完河，我们去偷袭他们，是不道德的，算什么仁义之师？不可乘人之危而攻之！"

等楚军过河后，目夷又建议趁楚军混乱之际发动进攻。宋襄公还是不允："人家还没摆好阵势呢，打胜了也不光彩。我们要讲仁义，不能干那种事！"直到楚军摆好阵势，宋襄公才下令出击，领军前进。结果楚军从两翼像潮水般包围过来，弱小的宋军寡不敌众，结果被打得大败，宋襄公大腿也中了一箭。在目夷的拼死保护下，宋襄公才得以生还。

回到京城后，都城的人都埋怨宋襄公错误地与楚军开战，仗也打得窝囊。宋襄公仍不服气，对众臣说："君子作战，不攻击已经受伤的敌人，不擒获头发斑白的老人，不凭借关塞险阻取胜。"

目夷听了非常生气，说："君王您还没有真正懂得战争啊。恃险而出击尚未准备好的强敌，是天赐良机。强国来讨伐我们，他们是敌人。若对他们讲仁义，干脆投降算了，又何必出兵作战呢！趁他们没有摆好阵势发起进攻，才有成功的把握啊！"

宋襄公听后很是惭愧，知道自己犯了十分愚蠢的错误。第二年，这个颇有野心而又迂腐守旧的宋襄公，因腿伤并发感染而去世，宋国的实力也因泓水之战失利而遭受严重损伤。

【评　点】

宋、郑两国皆为春秋时期中原地区重要的诸侯国。时人有"郑昭宋聋"之说。宋人由于承袭先民殷人遗风，行事缺少变通而显得愚笨，郑人行事灵活聪明。古籍中有守株待兔的故事，主角即为宋人耕者(《韩非子·五蠹》)，揠苗助长的也是宋人(《孟子·公孙丑上》)。

决策目标的选择，必须从实际出发，切合实际。宋襄公图霸，乃其政治理想，原本无可非议，只是这种理想太缺乏现实的土壤。齐桓

• 托名仁义直徒劳 •

公和晋文公在争霸之前，都首先致力于整顿内政，发展经济，改革军制，以振兴国力。齐桓公之所以能在葵丘（在今河南省民权县）作衣裳之会，是因为他有强盛的国力作后盾，不必炫耀武力。

宋襄公决策的失误，首先是因为他选择的决策目标脱离了他的国力实际。宋国当时只是个小国，虽有一定名望，但比强大的齐、晋、楚等大国弱得多。决策目标应该是发展生产，充实国力，发展睦邻关系，稳定国内局势，以在大国的纷争之中生存发展。宋襄公则不然，他即位后，不从自己的国情出发，只看到诸侯会盟是仁义的一种体现，却没有看到自己的国力根本无法与齐国相比，没有积极主动地进行富国强兵的革新尝试，而是自不量力、孤注一掷，妄想继齐桓公之后，称霸诸侯，充当盟主。这个决策目标与其实力是不相称的，是一个不切实际的决策目标。宋襄公是一个脱离现实的狂想主义者，因而注定要失败。

宋襄公想称霸，并不是为了谋求国家的兴旺和人民的安定，而是利欲熏心，为了满足他个人的虚荣心。宋襄公早在即位之初，就参加了齐桓公在葵丘召集的诸侯会盟。齐桓公在会上连周天子的特使也敬他三分，各国诸侯皆唯命是从，这使宋襄公格外眼红，从而产生了图谋霸主的欲望。

在他看来，继齐桓公之后，领衔主持盟会的，非他莫属了。他常以老大哥自居，看不起那些国力比宋国强大但国君爵位比他低的国家。虚荣心的发展，导致个人野心的膨胀。野心膨胀是他决策失误的又一个重要原因。

理政古鉴
——从历史中汲取走向未来的智慧

宋襄公不自量力，又十分迂腐、固执己见。敌军压境，他还愚蠢地死搬取小义、舍大德的"仁义"信条。看敌人未渡完河、未布好阵而不进攻，放弃了有利时机。他不能因势利导，为声名所累，导致战役失败，自己落为败军之帅，落荒而逃。

铁血兵锋画版图，英雄多半用诈术。《孙子兵法》指出："兵者，诡道也。"它包括12条具体的用兵策略：能进攻装作不能进攻；要打装作不想打；要在近处行动却装作在远处行动；要在远处行动却装作在近处行动；对于贪利的敌人，用小利去引诱他；对处于混乱状态的敌人，要抓住机会去攻取他；对力量充实的敌人，要加倍防备他；对强大的敌人，要暂避其锋芒；对易怒的敌人，要想办法激怒他；对轻视我方的敌人，要使其更加骄傲轻敌；对休整充分的敌人，要想办法使之疲劳；对内部团结的敌人要进行离间。

列宁说过，没有不用军事计谋的战争。"兵不厌诈""兵以诈立"是指导作战的原则。谁不用计策迷惑敌人，就必然为敌所迷惑；谁不识敌之诈，就一定会中敌圈套。项羽和刘邦曾划分楚河汉界，约定不再互相侵犯。项羽不知是计，引兵东去，不料刘邦马上翻脸，领兵掩杀而去，猝不及防的项羽被打得大败。

纵观泓水之战全过程，宋军有着很多有利条件，如据泓水之险等。但这位完全不懂打仗的宋襄公，在刀光剑影的泓水之畔，不切实际地空谈君子风度，甚至在两军交战时，还要和敌人讲仁义，不攻打没有准备的敌人，以致两次错失战机，最后战役失败，自己也腿负箭伤，流血不止，不久之后一命呜呼。这是他毫无原则、乱施"仁义"的后果。

托名仁义直徒劳

身为帝王，不治国不修兵，不去寻找把握战机，灵活机动地打击敌人，却想要争夺列国霸权，妄想问鼎群雄，成为千年来国人的笑柄。

行仁义要看对象。如果对象也是行仁义的，那么，行仁义就适得其所。宋代王十朋《宋襄公》云："小国争盟祸莫逃，托名仁义直徒劳。杀人祭鬼宁非忍，犹自临戎惜二毛。"

毛泽东《论持久战》曾评价宋襄公在泓水之战中的表现："我们不是宋襄公，不要那种蠢猪式的仁义道德。"宋襄公为了个人名誉，对敌施"义"，毁了江山社稷以致丧身，成为虚伪而又愚蠢的代名词。

宋襄公在伐齐立昭取得胜利以后，便不可一世，从而形成了一种固执己见的性格。在以后的决策中，虽有大臣提出正确的意见，但他一概听不进去，这一点在泓水之战中表现得尤为突出。性格的固执、偏激，不纳忠言，是导致决策失败的又一个重要因素。宋襄公失误累累，成了历史上备受讥讪的人物。古语云："前事不忘，后事之师。"宋襄公留给人们的，绝不仅仅是讥讪！

随着时间、地点的变化，同一件事情的处理也要求用不同的方法，切不可像宋襄公一样愚昧。现实生活中也有这样的人，把书本讲的、领导说的，当作圣旨去做，丝毫不敢违背，而不考虑实际情况，机械地生搬硬套，只能以失败告终。

· **理政古鉴** ·
——从历史中汲取走向未来的智慧

■ 小国争盟祸莫逃,托名仁义直徒劳。杀人祭鬼宁非忍,犹自临戎惜二毛。

——〔宋〕王十朋

■ 麻木比悲痛更可怕,因为它是悲痛生长的土地上残留的花梗。

——〔美国〕艾米莉·狄金森

荣华花上露，富贵草头霜

◎ 吕不韦很有经商头脑，买卖红火，富可敌国；他又是一位很特殊的"风险投资家"，驰骋于商场与政界。吕不韦始终以商人投机的心态和"赢利"的价值观处理事务，贪权揽势，处处当主角，一味收买人心，混淆了宰相与帝王之间的界限，声势显赫时没想到功成身退。

吕不韦（前292—前235），战国末期著名商人、政治家、思想家，官至秦国丞相。公元前3世纪后期秦的统一，是中国古代历史进程中划时代的大事。吕不韦作为秦国上层执政核心的重要人物，他的一生富于戏剧性，曾经极尽显贵，最终又归于悲剧结局。

战国末年，大商人吕不韦经常往来于各国做生意。他到赵国都城邯郸贩货，意外碰见了一个名叫子楚的年轻人。此人是秦昭王之孙、秦国太子安国君排行居中的儿子。

子楚的生母夏姬失宠，他作为人质被送到赵国（列国之间为了取得信任或互相牵制，以王子王孙作为人质）。由于秦国屡次攻打赵国，赵国便对子楚不按应有的礼节对待，使他处境困窘，颇不得意。

意外结识子楚，电光石火之间，一个念头跃入吕不韦的脑子里："此人奇货可居！"

回到家里，吕不韦询问父亲得知，农夫遇上丰收年月，一年可获利十倍；做珠宝生意，经营得当，可获利百倍。"若是能拥立一国之君，可得多少好处呢？"父亲想了想道："若拥立能成，可获无数之利；若拥立不成，连身家性命都要赔进去。"吕不韦告诉父亲，秦国的王孙子楚目前在赵国做人质，要扶植他做秦国的国王，倘若成功，子孙后代将享尽荣华富贵。

过了几天，吕不韦找到子楚，游说道："我有办法能帮你光大门庭，改善你的处境。"子楚不信。吕不韦说："我听说太子安国君最宠爱华阳夫人，他日承袭王位，必定立她为王后。华阳夫人尚无子嗣，公子若能奉她为母，则可由庶变嫡，这太子之位也就非您莫属了。"吕不韦接着告诉子楚，他愿倾其家产，为公子周旋。子楚连忙顿首许愿："若能成功，愿与先生共享秦国！"一场政治交易就这样成交了。

而后，吕不韦以五百金送给子楚广交宾客；五百金用来购置厚礼，游说华阳夫人。华阳夫人就趁安国君高兴时，说子楚抵质到赵国，贤名闻于邯郸，因而她愿收他为子，日后也好有个依靠。安国君答应了她的要求，并立了凭据。

吕不韦在邯郸经商，少不了灯红酒绿、声色犬马。在娱乐场所，吕不韦发现一个倾国倾城、能歌善舞的美女赵姬，于是便跟她同居了。

一天，吕不韦设宴款待子楚。酒酣耳热之际，吕不韦命赵姬出来给子楚敬酒，以舞助兴。长期落魄的子楚哪里见过这样的绝色美女，只顾望着她那秀色可餐的面容，一下子喜欢上她，便哀求吕不韦把这

• 荣华花上露，富贵草头霜 •

个女子赐给他。

吕不韦心想，这个好色的子楚，怎么这么不讲义气呢？如果不答应，必然会得罪子楚，之前付出的代价，就得不到回报。他又换一个角度想，赵姬完全可以成为钓子楚这个"奇货"的诱饵，甚至她本人也是"奇货"。

主意拿定，吕不韦假装诧异、发怒，为进一步笼络好色的子楚，就说："不韦既已为公子破财毁家，也就不必再吝惜一妾了。还请公子不要亏待了她！"

赵姬本是个风尘女子，看重的是金钱、色欲。她想，跟着子楚少不了荣华富贵，于是在一番惺惺作态之后就痛快地答应了。她向子楚隐瞒了怀孕一事。

公元前259年，赵姬在赵国生下儿子，取名赵政（回到秦国后，才叫嬴政），这就是后来的秦始皇（《史记》记载说秦始皇是吕不韦的儿子，有的史学家认为这不过是司马迁的文学虚拟，秦始皇是子楚的儿子）。

秦昭王去世后，太子安国君即位为王，华阳夫人为王后，子楚为太子。安国君只做了一年秦王就去世了，子楚即位，是为秦庄襄王。新王第一道令就是任吕不韦为相，封为文信侯，将河南洛阳十万户作他的封地。吕不韦十几年的"投资"终于得到了回报，从此控制了秦国的大权。秦国由此开始了吕不韦的专权时期。

秦庄襄王好色无度，在位3年就病故了。13岁的太子嬴政即位，尊吕不韦为相国，称吕不韦为"仲父"。当了太后的母亲赵姬，又与吕不韦续上前情，经常利用研究政事之际私通。

理政古鉴
——从历史中汲取走向未来的智慧

从秦王嬴政即位的公元前246年,到公元前237年,是吕不韦在秦国直接掌权的时代。面对内忧外患,吕不韦调动全国的物力,战胜了自然灾害,平定了各地的叛乱,击退了外敌入侵。

吕不韦招养食客游士三千人,组织门客编写《吕氏春秋》,其意是把春秋战国以来各派的思想汇集起来,对百家思想进行整理。从一定意义上讲,《吕氏春秋》不宜被简单地视为一部学术著作,因为该书更多地体现了吕不韦治国、治天下的理想,为当时秦国统一天下、治理国家提供了思想武器。为了增加该书的权威性,为了夸耀自己的权势和威望,吕不韦把这部书稿公布在咸阳城门上,并高悬千金,布告上赫然写道:"谁能正确地增删一字,就可取走千金。"到了此时,吕不韦的权势和声望达到了顶巅。

秦王嬴政逐渐长大,无法忍受大权独揽、讴歌"禅让"的吕不韦。吕不韦怕与太后私通的事情败露,自己要遭殃,就访求到有超强的床上功夫的嫪毐(Lào ǎi),做了自己的替身。

嫪毐假装太监,被送进宫中,专供太后淫乐。他被封侯后,仗着太后对自己的宠爱,太过嚣张,舍人千余,奴僮数千,发展个人武装,广树党羽,显赫一时,成为与吕不韦权势相当的人物,其势足以与吕不韦抗衡。嫪毐与太后密谋,说秦王若是死了,就让他们的私生子继承王位。这比吕不韦假借"禅让"篡取王位的企图更阴险、更恶毒。

秦王嬴政目睹了母亲放荡、不检点的生活,身心留下了太多的伤痛。始皇九年(前238),有人揭发嫪毐不是宦官,常跟太后私通淫乱。嬴政勃然大怒,对此事进行了严密的调查。而此时,嫪毐发兵作乱。嬴政在了解到实情后,果断指令相国昌平君、昌文君发兵平叛,一举粉碎了嫪毐叛乱。平叛进展之神速，不能不使人怀疑这场叛乱实际是嬴政的"引蛇出洞"之计。嬴政在揭开嫪毐与太后的丑事之后，不追不问而去蕲年宫，就是给他人一个叛乱时机，但他事先已有了平叛的举措，当叛乱一发动，相国昌平君、昌文君就立即发兵镇压。

嫪毐发兵作乱一事，牵连了搞政治投机的相国吕不韦。聪睿的秦王再三思量后，免去吕不韦的相国职位，让他回河南封地去了。

吕不韦被罢免后，仍想东山再起，入朝执政。他让食客到处跑动说情，关东六国也不断派人给吕不韦送礼，想请他做相国。

一年后，秦王送给吕不韦一封书信，迫令其全家离开洛阳，迁居蜀地："君何功于秦？秦封君河南，食十万户。君何亲于秦？号称仲父！其与家属徙处蜀！"此信宣布吕不韦对秦国无功劳，我与吕不韦没有任何关系，是秦王对吕不韦政治地位和亲情关系的彻底否定。

吕不韦深知秦王的严酷，深感绝望，后悔自己的失误，便喝下毒酒，结束了生命。

【评 点】

从历史角度看，吕不韦在战国后期，是国家统一的先行者。吕不韦在秦庄襄王、秦王嬴政时期两次为相（先为丞相，后为相国，相国地位高于丞相），主持朝政，总揽政权12年，在政治、经济、军事、文化等各方面都颇有建树，也为日后秦始皇统一六国准备了有利条件，奠定了坚实基础。他在如何统一天下、治理天下上卓有远见，对秦汉政治及整个中国历史的发展都产生了深远影响。吕不韦掌权时期，秦国网罗人才文武并用第一，不拘一格招揽人才，改变了秦国官僚队伍的知识结构及社会风气。他的活动对当时社会的稳定和文化的发展有利无害。

吕不韦是个怪才，不论做什么，都别出心裁又自成一家。在诸侯列国之中，秦国的文化软实力原本最弱。春秋时期孔子周游列国，却始终没有踏入秦国半步，韩愈《石鼓歌》有言"孔子西行不到秦"，这是秦国文化缺失的真实写照。《吕氏春秋》成书于秦统一六国前夕，由秦相吕不韦组织编纂而成。按照司马迁《史记》的说法，吕不韦曾仿效战国四公子的做法招养门客三千，又因荀子等人"著书布天下"，便让这些门客"人人著所闻"，书成后取名《吕氏春秋》。这部书为他在秦国执政打下了理论基础，在中国文化思想史上也有很大的影响力。

吕不韦的悲剧在于，为了追求巨大利益，求得传之后世的财富，不惜投注许多财力打点门面，拓道开路，而且"欲以钓奇"，将自己的爱妾赵姬送给子楚为妻，充满了"投机"和不道德的色彩。

吕不韦的悲剧还在于，他混淆了宰相与帝王之间的界限，声势显赫时没想到功成身退。随着秦国统一战争的不断胜利，吕不韦手中握有的权势日益扩大，所得的封地也越来越多，而吕不韦始终以商人投机的心态和"赢利"的价值观处理事务。功绩显赫、名倾天下时，没想到韬光养晦，而是贪权揽势，处处当主角，一味专权，高唱君主无

· 荣华花上露，富贵草头霜 ·

为，收买人心，延误了紧急刹车的时机，引起秦王室的忌恨，最终引发秦王嬴政与自己争夺最高政治权力的斗争。而胡作非为，淫乱后宫，给秦王嬴政打击相权、消灭吕不韦提供了口实。

"功遂身退"是老子智慧的一大亮点。老子认为，以退为进是为官之道和处世哲学的最高明的方法之一。老子揭示了进退、荣辱、正反等互相转化的辩证关系，势盛则渐衰，物极则必反，奉劝人们成就了功业就应引退，进退得宜，亦悦亦福，不要贪恋权位和名利。如饥似渴求得富贵，孜孜以求保住权位，奢望天长地久，该放手时不放手，该止时不止，该退时不退，或者害怕、忌讳退让，都是庸人之举，会走下坡路，曾经拥有的东西也终会丢失。缺乏危机意识，不善进退者，自然是败者，前人的经验教训不是值得深思吗？

《隋书·韦世康传》记载了韦世康在闲暇时对子弟们说："我听说功业建成就引退，这是古人做官的原则。今年我将及60岁，意欲辞官家居。你们认为怎么样？"儿子福嗣回答说："父亲修养身心，纯洁德操，名立官成。富贵权势极盛时，要保持警戒，是古代贤哲所推崇的。"

为人应当权衡进退得失，做到适可而止，见好即收。

功成身退不仅仅是形式上的隐退，还指有了大功劳也不居功自傲，不摆老资格，不自我膨胀，不飞扬跋扈，懂得谦虚包容。

· **理政古鉴** ·
——从历史中汲取走向未来的智慧

■ 看那秋风金谷,夜月乌江,阿房宫冷,铜雀台荒,荣华花上露,富贵草头霜。

——〔清〕沈复

■ 一位最佳领导者,是一位知人善任者,而在下属甘心履行其职责时,领导者要有自我约束的力量,不插手干涉他们。

——〔美国〕罗斯福

天欲亡秦果在胡

◎ 把秦朝送进坟墓的主要人物，不是陈胜、吴广，也不是项羽、刘邦，而是朝廷内官德沦丧、暴虐得出奇的赵高和胡亥。赵高多才而善谀，大奸似忠，大诈似直，被秦始皇宠信于朝野，挟帝为虐，专权自恣，玩弄诡计，作恶多端，最终被钉在了历史的耻辱柱上。

秦始皇统一了六国，而且立国规模宏大，创建了中央集权的垂直领导的政治体制。可是，秦王朝却是短命的，传袭二世而亡。赵高在这一过程中起的作用值得研讨。

赵高相貌英俊，聪明伶俐，擅长书法。同时，他又生性狡黠，善于曲意逢迎，为人阴险谲诈，密藏暗箭，善于揣摩秦始皇的思想和主张。他看到秦始皇推崇法家，严定刑法，于是学习"狱律令法"，熟悉许多案例，且能够融会贯通。因此赵高很快得到秦始皇的青睐，由一个小太监不断升迁，擢拔为中车府令，兼管秦始皇的生活、掌管印玺，后又成了秦始皇之子胡亥的老师，为他以后矫诏政变、独揽大权铺平了道路。

· **理政古鉴** ·
——从历史中汲取走向未来的智慧

赵高知道秦始皇宠爱娇稚无知、缺乏大志的小儿子胡亥，便千方百计讨好胡亥。赵高任胡亥的老师之后，教胡亥学习文字、法律条文和审理案件的方法，把枯燥的律令讲得生动有趣，想方设法迎合、笼络、吹捧、利用、教唆这位娇纵的小皇子，如教他如何游玩，事事取悦于他，因而颇得胡亥的欢心。过了不久，胡亥就视赵高为知己，对他十分信赖，而不知阿谀奉承的人是危险的人，还经常在父皇面前夸奖赵高忠诚、有才、能干。

过于得意的赵高，在皇帝的宠爱下胆子大起来了，竟然招权纳贿，舞弄文墨。他的所作所为被发觉后，秦始皇把他交给了上卿蒙毅审理。蒙毅不敢徇私，按当时的秦律判了赵高死罪。赵高由此怀恨在心。胡亥在秦始皇面前百般求情。在即将开刀问斩时，秦始皇念赵高聪明有才，办事勤敏，特下赦书，官复原职，宠信有加。秦始皇开释赵高非同小可，不但使赵高与蒙氏家族结下了仇怨，更为自己开创的伟业留下了无法消除的隐患。

从称帝第二年开始至病逝，始皇帝共五次巡视天下。公元前210年，秦始皇再次巡视。这位称王25年、称帝12年的中国封建社会第一位皇帝很迷信，他生病后占卜，说是出游可免灾。实际上，出巡归途中，他的病情进一步加重了。

此时长子扶苏在上郡（今陕西绥德）监督蒙恬军队。秦始皇在弥留之际，写诏书给扶苏，令他回来办丧事，将自己安葬到咸阳，实际上是让他回来继承皇位。

皇帝病重弥留之际，是政权有被篡夺的危险之时。而接近皇帝的奸佞大臣是最危险的人物，赵高就是这样的人。

天欲亡秦果在胡

7月,至沙丘(今河北邢台),诏书尚未发出,始皇病逝。沙丘距咸阳遥远,丞相李斯怕诸位皇子作乱,也怕老百姓乘机起来造反,于是秘不发丧,封锁消息。此时秦始皇突然病死,写好的诏书没有发出,为自己打算的赵高正在心里筹划着阴谋。赵高得到胡亥的信任,却与公子扶苏和大将军蒙恬不对付,他担心扶苏即位后影响自己的现有地位和既得利益。于是他蛊惑、劝说胡亥后,再游说丞相李斯。

胡亥自幼生长在深宫,既未经过征战的风险,也未经过政治斗争的风浪,因此十分幼稚和迂腐。赵高装出十分关怀李斯的样子,对他说:"在上位的胡亥和在下位的你,如果同心协力,就可以保持长久富贵;宫里的我和宫外的你如果互相配合,事情就万无一失。你要是听我的计策,就可以长久享有富贵,并传给子孙万代。而且你可以像王子乔和赤松子两位仙人那样长寿,能像孔子和墨子两位圣贤那样有智慧而受人尊敬。现在你却舍弃这么好的计策而不肯听从,那么连你的子孙都要遭殃,我实在替你担心害怕。一个善于自处的人是能够因祸得福的,你自己打算怎么办呢?"

李斯听了这一番话,终于动了心,抬头凝视天空,还掉下了几滴眼泪,叹息道:"唉!我偏偏不幸生长在这乱世里,既然不能以自杀来报答皇帝,还能到哪里去寄托我的生命呢!"于是听从了赵高的计谋,参与了篡位的活动。

秦始皇所任用的文武大臣,多是精明强干的有才之士,他们当中多数人对秦二世并无异心,这些人对于巩固秦王朝的统治,是至关重要的。然而秦二世把赵高自乱天下的亡国之计,当成安邦治国的良策,下令修改法律,严伤刑罪,委派赵高全权负责"鞫治"狱案。赵高设

· 理政古鉴 ·
——从历史中汲取走向未来的智慧

计将秦朝著名的大将蒙恬、蒙毅诛杀，将军冯劫和右丞相冯去疾等重臣也相继被赵高害死，朝中故臣所剩无几，国家擎柱逐一崩塌。秦二世的诸位兄长、姊妹，也在劫难逃。

后来，赵高设下卑鄙的"请君入瓮"的圈套，挑起秦二世对李斯的厌倦和疑心，玩弄李斯于股掌之上。他对李斯说："天下大乱，皇上深居宫中，君侯何不劝谏？"李斯说："我也很想劝谏，但见不着皇上。"赵高就在秦二世拥红倚翠与嫔妃玩耍高兴时，通知李斯进宫奏事，扫了秦二世的兴。如此多次，秦二世大怒，怀疑李斯欺他年轻，看不起他，成心与他为难。

赵高趁机进谗言，说李斯没有升迁，心怀不满，正指使他的儿子李由谋反。秦二世不察，将李斯逮捕下狱。李斯无法忍受酷刑的痛苦，被迫供认"谋反"。秦二世以假当真，居然高兴地说："要是没有赵高，我几乎被李斯出卖了。"李斯后来被腰斩于咸阳。

赵高进而独揽大权，一再玩弄诡计，架空秦二世，秦二世成了他手中的傀儡和玩物。秦二世一直到临死之前，才察觉到这一点，这固然是其昏庸愚昧所致，但也与赵高的大奸似忠、大诈似直有关。

公元前207年，赵高与女婿、弟弟密谋杀掉秦二世。秦二世众叛亲离，临死前才明白，他往日无比尊重和依赖的赵高，是个什么样的人。秦二世对身边的一位侍者说："你们为什么不早点告诉我赵高是个坏蛋？"这位侍者答道："我平时就因为不敢说话，才活到今天。如果我早告诉你，现在就不会有人陪你了。"

赵高得知秦二世已死，匆匆赶到现场，摘下秦二世身上的玉玺佩戴在身上，大步走上殿去，准备篡位登基。但是文武百官皆低头不从，

• 天欲亡秦果在胡 •

以无声的反抗粉碎了他的皇帝梦。赵高顿觉天旋地转，感到自己的罪恶达到了"天弗与，群臣弗许"的程度，只得立秦二世的侄子子婴为秦王，想把子婴当作傀儡。

子婴虽然年轻，但是政治经验老到。他早已对赵高怀恨在心，认为他是造成秦王朝危亡的罪魁祸首，明白赵高的险恶用心，也明白自己的角色和未来不可测的命运，不愿再重蹈胡亥的覆辙。于是子婴推说有病，不肯前往谒祖庙，正式登基。赵高无奈，只得亲自去请，刚一进门便被子婴的亲信宦官一刀砍死。赵高被杀以后，整个秦国上上下下欢呼雀跃。

子婴为秦王只短短46天。公元前207年，刘邦入关至霸上，子婴战守无方，只得乘着白马素车，携带皇帝印玺、兵符等物，开城投降。

【评 点】

宦官，是封建专制体系中最可耻的产物之一，在历史上存在二千多年。宦官制度是中国古代政治中的一个毒瘤，乱世常出现宦官专权，宦官专权无不加速吏治腐败，导致王朝的覆亡。

在封建时代，能够左右政局的政治集团，主要是宰相集团、外戚集团、将帅集团、宦官集团。宦官因其特殊的生理身份而为社会所鄙视和不容，有强烈的自卑感、权力欲和报复心理，尤为残酷、狠毒和粗野。

赵高出身于宦官之家，地位卑贱。《史记·蒙恬列传》中记载："赵高昆弟数人，皆生隐宫，其母被刑戮，世世卑贱。"在短短二三十年间，他从一个内宫厮役爬到秦王朝的权力顶峰，是发人深思的。

· **理政古鉴** ·
——从历史中汲取走向未来的智慧

他生性狡黠，非常懂得揣摸人的用意，善于察言观色，善于密藏暗箭而不外露，敏于见风使舵，活动能力极强，通过曲意逢迎骗取当权者的信任，来实现自己阴险的目的。秦始皇由于存在"好谀"的弱点，因而对赵高失察，任命他为中车府令，使其处于最高权力核心之中，成为自己的贴身侍从，走到哪里都带着他……

扶苏是秦始皇的长子，最有资格继承皇位。但由于被贬逐，加之秦始皇死于巡游途中，直到最后都没有被确立为太子。

秦始皇对赵高信任有加，可赵高由于权力欲望的恶性膨胀和极度自私地追逐权力，逐渐对秦始皇产生二心。且不说有人推测秦始皇死于出巡路上，是赵高下的手，单说他诬陷害死秦始皇的长子扶苏、大将军蒙恬、丞相李斯等人，就可以看到小人的卑鄙、阴险嘴脸。

在加速秦王朝灭亡过程中起决定作用者，实则是赵高。赵高成了中央统治集团中最有实力的决策者。秦二世名义上贵为天子，实际上却成了赵高的玩物和傀儡。秦朝的政治统治也变得更加黑暗和残酷。汉代桓宽在《盐铁论》中指出："秦使赵高执辔而覆其车。"南宋王十朋说："始皇一怒逐扶苏，天欲亡秦果在胡。"

"恶莫大于纵己之欲，祸莫大于言人之非。"（清代金缨）一切心术不正、卖主求荣、蓄意相诬的小人之奸佞行为，几乎都是围绕争权进行的，阴谋篡权，害人抢权，政变夺权。由于阴谋诡计多，便没有心思忧国忧民；由于坏人害人尤甚，便没有机会用心政务。

赵高在秦二世面前，始终是一副忠信模样：他劝秦二世身居内宫，说是为了维护秦二世的威权；他劝秦二世远离京师，则是打着乞求上天庇佑的招牌。从表面上看，这全是忠君爱主的肺腑之言，实际上是

天欲亡秦果在胡

大奸似忠、大诈似直。

胡亥一开始并非没人性，只是无限的权力使他丧失了人性。胡亥在赵高策划的阴谋中，登上皇帝的宝座，赐死扶苏，重用奸佞之徒，大规模制造冤案，万万想不到"帮"他的人觊觎的是他的宝座，到头来反被其害，而且来得那么快。"丞相来朝兮剑佩鸣，千官侧目兮寂无声。……可怜往代兮秦天子，犹向宫中兮望太平。"说是千世万世，不过二世。秦朝从统一到灭亡，仅维持了15年，其教训十分深刻。

赵高抓住了李斯贪恋相位、意欲封侯的弱点，为李斯制造了一个潜在政敌，激起李斯对失去既得利益的恐惧，然后以可得宠于新皇作为诱饵，将他置于死地。李斯在赵高软硬兼施、威胁利诱之下，最终选择了苟且偷生，上了贼船，成了赵高的帮凶，给他自己的"洞穴"埋下了严重塌方的伏笔。

李斯曾因嫉妒韩非子的才干，用莫须有的毒计害死了韩非子。后来在最关键的时刻，参与了赵高篡改遗诏、害死长子扶苏、助纣为虐的阴谋活动。没想到赵高用同样卑鄙的、有过之而无不及的手段对付自己，最终被屈打成招，腰斩于咸阳街头。这也许就是恶有恶报、害人害己、罪有应得。

赵高入秦宫二十多年，依靠伪装忠信，骗取信任，弄虚作假，造谣中伤，弄权不止，安插亲信，排除异己，翻手为云，覆手为雨，贪欲不足，发动两次宫廷政变，陷害无数无辜，造成白骨累累，血雨腥风。凡压榨盘剥百姓凶狠者，均被其重用，这加速了秦朝的灭亡。赵高扰乱了秦朝正常的政治制度，首开了宦官专权的先河。他颠倒是非、混淆黑白，成为"指鹿为马"的始作俑者。他的把握不在下级是否跟着说，

· 理政古鉴 ·
——从历史中汲取走向未来的智慧

而在于胡亥不会把他怎么样,自以为得计,但终得报应,最终踏着尸山血海走进自己挖的坟墓之中,世世代代遭人唾骂,遗臭万年。

秦始皇的江山壮丽而宏大,王朝灭亡的主要原因并非"焚书坑儒",而是徭役太重、不惜民力和重用了小人赵高。赵高包藏恶心、暴虐得出奇,演出欺骗始皇、利用李斯和愚弄秦朝二世的历史丑剧,擅杀大批朝臣,连宫廷侍卫都不放过,导致秦朝二世而亡。胡亥重用奸佞之徒,到头来反被其害。秦二世三年(前207),赵高派人杀胡亥,立胡亥的侄子子婴为秦王。不久赵高被子婴所杀。公元前207年,刘邦领导的起义军攻入关中,秦亡。秦始皇亲手创建的秦王朝大厦多么辉煌,令人惋惜的是,在他死后不到5年,便轰然崩溃、灰飞烟灭了。秦朝历时仅仅15年,真可谓"其兴也勃焉,其亡也忽焉"。短短几年内发生一连串悲剧的惨痛教训,令人深思和警醒。

■ 鲍鱼臭乱祖龙尸,巧设机关鞠李斯。驯至嗣君迷鹿马,遑论黔首竭膏脂。
——何满子

■ 贪婪,野心,嫉妒,暴怒,骄傲,这五种情绪是寂静的大敌,我们应当保持警惕。
——[美国]戴尔·卡耐基

功成当知谋身退

◎ 唐代胡曾诗云:"上蔡东门狡兔肥,李斯何事忘南归?功成不解谋身退,直待云阳血染衣。"李斯品德卑劣,极端自私,最终落得身死名辱的可悲结局。

在《史记·李斯列传》中,司马迁讲述了"仓鼠一叹"的故事。李斯青年时在家乡上蔡县衙门里担任小吏。一次,他看到粮仓中的大老鼠吃的都是上好的粮食,住的是高大的库房,养得肥头大耳,整日悠闲自得;官府厕所中的老鼠则吃粪便,一见人和狗走近便非常惊恐地逃开。他不由得感叹道:"一个人有没有出息,就如同老鼠一般,不过是由自己所处的环境决定罢了。"

李斯当时地位低下,他决心改变自己,本是合情合理的。但是,他早年为官的目的,不是为造福天下,而是用声名狼藉的老鼠做比喻,不愿做厕中之鼠,把自己的人生价值定位于做高官,只为做仓中之鼠,千方百计为自己找一个安乐窝,享受荣华富贵。于是,他拜荀子为师,并决定背离自己的祖国。

理政古鉴
——从历史中汲取走向未来的智慧

李斯学成后向老师告别时说道:"……故诟(耻辱)莫大于卑贱,而悲莫甚于穷困。"这话再次表明了李斯毫不掩饰自己贪恋富贵的强烈追求。

秦王嬴政即位那年,李斯自楚国来到秦国,先在吕不韦门下充当门客。吕不韦很赏识李斯,不久就让他做郎官、长史。李斯善于体察、逢迎秦王,能抓住秦王内心想法,替秦王说出来,并将理由讲得冠冕堂皇;后来为秦王提出灭掉六国、平定天下的战略构想和宏大方略,成为秦始皇创建新帝国的股肱辅臣。秦统一六国后,李斯官至丞相。

李斯内心深处一直贪恋着富贵名利,他不择手段地陷害同学韩非子就是明证。韩非子来到秦国后,秦王想把他留下重用。李斯知道韩非子的学问和才能在自己之上,担心韩非子将来对自己不利。于是在秦王面前诋毁韩非子,向秦王进谗言,使他入狱。同时下了狠手,派人送去毒药,害死了同窗。

李斯深知,要想保住富贵,必须博取嬴政的独宠。由于政治环境复杂多变,奉行"仓鼠哲学"的李斯也要像老鼠那样,敏锐地观察环境,巧妙地保护自己。在这种心态的支配下,李斯变得乖巧了,他极力迎合秦始皇。

"焚书坑儒",实际上包括两个事件,是秦始皇的一大罪过,李斯在其中起了很坏的作用。焚书的起因是群臣讨论管理国家的方式,齐人淳于越提出在偏远地区可以按古制分封子弟为王,以作为郡县制的补充形式。李斯却小题大做,上纲上线,视这种主张为你死我活的政治斗争,以危言耸听之语,给秦始皇出主意说:"这些儒生看见新法令就引经据典议论纷纷,非议朝政,诽谤生事,我看把那些古书烧

• 功成当知谋身退 •

掉算了。"

秦始皇采纳李斯的焚书建议，下诏除了医药、占卜、种树之书外，凡是民间所藏的《诗经》《尚书》和诸子百家的书籍，皆送交地方官衙烧毁。咸阳乃至各地，火光冲天，大批宝贵的书籍变成了灰烬，学术活动被中止。

次年，侯生、卢生等议论秦始皇"刚愎自用""以刑杀为威"。秦始皇大怒，下令逮捕侯生、卢生，并牵连460余人，将这些人坑杀于咸阳。在"坑儒"事件中，李斯又迎合秦始皇，听任秦始皇被方士蒙骗，加剧了秦朝的社会矛盾，秦朝政治局势急转直下，陷入风雨飘摇之中。他的这种做法就是司马迁所批评的"阿顺苟合"。

唐代章碣有一首诗传之久远："竹帛烟销帝业虚，关河空锁祖龙居。坑灰未冷山东乱，刘项原来不读书。"

李斯的彻底蜕变，是在秦始皇死后。赵高巧舌如簧，没想到把李斯的工作给做通了。如果公子扶苏上台，那赵高肯定不会有好果子吃，所以他才想尽办法将胡亥推上皇帝宝座，给自己找一道护身符。这些事，李斯应该明白，然而并没有引起他的警惕，最后听信了赵高的话。

李斯一味地迎合秦二世，甚至鼓励他享尽人间乐趣，专断于天下，"应该敢于废弃自己所厌恶的，扶植自己所喜爱的"。不久，赵高向秦二世进谗言，说李斯父子俩和叛乱的人早有来往，是想谋反。秦二世就把李斯等三位大臣拿下，由赵高审理治罪。

李斯满心希望能够在秦二世派使者来复审的时候翻案，可是赵高比他更精明，预先派了太监冒充秦二世的使者前来复审，李斯不知有诈，喊冤翻供，结果招来一顿毒打。反复几次后，李斯不敢翻供，结果在真的秦二世使者来复审时，还是认了这个死罪罪名。秦二世依据屈打成招的供词，以谋反罪判处李斯死刑，在咸阳处以腰斩，并夷灭三族。

在去刑场的路上，李斯对儿子说："我多想和你一道牵着黄狗，在老家上蔡东门追逐兔子，过着自由自在的农夫生活啊！"

【评　点】

李斯出生于战国末期，是我国历史上一位有名的学者、政治家，官居丞相。"六国平来四海家，相君当代擅才华。"李斯很有才华，经过一步一个脚印的奋斗，从一个上蔡布衣、乡间小吏，登上秦朝丞相的高位，成为秦始皇统一六国的功臣，以卓越的政治才能和远见，为秦国兼并六国，为建立和巩固统一的专制主义中央集权的崭新封建国家做出了巨大贡献，顺应了历史发展的趋势。李斯完全可以安度晚年，有一个辉煌的人生结局，却为什么成为秦朝二世速亡的罪人，招致被杀的惨祸呢？

李斯其人，文章妙手，可谓才高八斗。然而他一生德行不修，境界不高，奉行"仓鼠哲学"，太贪恋权位、富贵了。秦始皇死后，他怕秦始皇长子扶苏继位和名将蒙恬上位，自己的位子保不住，为了身家私利，不惜向恶势力屈膝，上了贼船，与魔鬼为伍，参与搞"沙丘政变"：伪造始皇遗诏，赐死受到天下百姓拥戴、颇有领导能力的始皇长子扶苏和威震匈奴的名将蒙恬，拥立典型的纨绔子弟、只知胡作非为的胡亥为太子。途中秦始皇尸体发臭，便在车上载一石鲍鱼，来冲淡臭气。他们急急忙忙赶回咸阳，才宣布始皇的丧事。

• 功成当知谋身退 •

赵高有当皇帝的野心，而李斯没有。李斯低估了赵高的野心，加上内外之别，秦二世在两人中依赖的对象只可能是赵高而不是李斯。这就决定了李斯纵然权倾天下，也无法斗过赵高。李斯丧失了人格，践踏了自己的才能，谋求功名富贵之心昭然，决定了其人生的走向与结局。

李斯临死时才醒悟，渴望返璞归真，过平民生活，但已不可能了，最后落得个"父子相哭，而夷三族"的悲惨结果，还不如"仓库中肥头大耳的老鼠"，心里充满悔恨、烦乱。李斯极端自私，突破了一个政治家的道德底线，最终落得了身死名辱的可悲下场。正可谓："天作孽，犹可违；自作孽，不可活。"（《尚书·大甲》）

■ 古今都付劫灰余，牵犬东门祸已储。偏是铭山文字好，不知平日读何书？

——［唐］证山

■ 贪心的人，总想把什么都弄到手，结果什么都失掉了。

——［俄国］克雷洛夫

平流无石有沉沦

◎ 霍光入侍汉武帝近30年，忠诚、奉公、谦谨，在汉代与萧何并称名相。可惜后来在权势面前不知收敛，逐渐呈骄傲、专横之态，专制擅权，跋扈于朝。尤其是霍光只为子孙谋富贵，不教子孙养德义，不能严格管教自己的妻子儿女，放纵宗族不奉公守法的恶行，为霍氏家族留下祸根。霍光之悲剧，给后人以深刻教训。

霍光是西汉大臣，抗匈名将霍去病同父异母的弟弟，生得皮肤白净，眉目清秀，胡须很美。霍光早期注重政治修养，以儒家思想约束自己。

霍光为人沉静详审，甚至出入、上下殿门，于朝堂之上止进都有一定的路线和位置，有好事的人暗中注意，发现每次尺寸都不差。汉武帝赏识霍光的小心谨慎、一丝不苟，所以托他以大任。

汉武帝时，霍光官拜大司马、大将军，跟随汉武帝近30年。汉武帝为了抑制其子刘旦、刘胥的势力，将幼子刘弗陵立为太子。武帝又恐"母壮子幼"，将来皇帝的母亲专权，独居骄纵、淫乱自恣、祸国殃民，于是赐死弗陵的母亲、他非常宠爱的钩弋夫人。他还命人画一幅周公负成王朝诸侯的图赐予霍光，嘱托霍光辅佐刘弗陵。

汉武帝病死后，刘弗陵即位，是为昭帝。霍光正式接受汉武帝遗诏，成为顾命大臣，与车骑将军金日磾、左将军上官桀、御史大夫桑弘羊等人共同辅佐朝政。从此，霍光掌握了朝廷的最高权力。"帝年八岁，政事一决于光。"（《汉书·霍光传》）霍光执政14年，总揽朝政，令由己出，实际上成了不穿皇袍的皇帝。

汉宣帝刘询即位后，采取了与前任汉废帝刘贺迥然不同的施政措施：下令褒赏功臣，重奖霍光，并将一切政事归霍光管理。天下安康，四夷宾服。宣帝感激大臣们的辅弼之功，将其中突出的十一位功臣图画于麒麟阁，霍光居第一位。

霍光在位时权倾朝野，威望日隆，他的警惕性随之减退，没有摆脱光宗耀祖的思想，也没摆脱身为将相、子弟封侯的为官传统。从昭帝时开始，他让外孙女做昭帝皇后，儿子霍禹及兄孙霍云皆为中郎将，兄孙霍山为奉车都尉侍中，两个女婿为东西宫卫尉……霍氏宗族"党亲连体，根据于朝廷"，而他的宗族又多不奉公守法，甚至连他的家奴都仗势横行，竟敢追到御史大夫的家里去打人家的奴仆，还得御史大夫亲自来赔罪。

茂陵人徐福上书说："霍氏一定会灭亡。因为骄奢的人不懂得谦让，不谦让就会对皇上轻视慢待，轻视慢待皇上乃是大逆不道。位居众人之上，人们就会嫉恨。霍家权势越来越大，陛下要爱护、厚待他们，就应对他们加以限制，别让他们走向败亡！"可是，上书了三次，都没有回音。

· 理政古鉴 ·
——从历史中汲取走向未来的智慧

霍光晚年谨慎态度有所减弱，呈骄傲之态。宣帝即位时已18岁，霍光又不及时归政于帝，仍久专国柄，导致皇帝对他忌惮有加。加之霍光治家无方，放纵其妻及子侄骄奢越度，放纵族人仗势妄为，甚至不惜采取欺君的手段进行包庇，更谈不上严肃国法家规，最终导致祸起萧墙。

司马光把这种情况描述为"人主蓄愤于上，吏民积怨于下，切齿侧目，待时而发"，预示了霍光种种违背人心、不计后果的行为必将招致灭亡之祸。

汉宣帝即位前与一小吏的女儿许平君结为夫妻。朝臣中有人想迎合霍光，提议宣帝纳霍光与霍显生的女儿为皇后。汉宣帝初立，一方面对纳霍氏女心有不愿，另一方面又畏于霍光的权势和拥立之功，不好强硬拒绝，就下诏求自己即位前的佩剑，以示不弃糟糠。可谓"权倾天下气冲天，仍记当年共苦寒。纵有龙宫千万富，不及结发爱妻颜"。宣帝其后寻得许氏，立为皇后。

霍光的妻子霍显是个典型的淫悍泼妇，为人贪妒成性，生活挥霍无度，耍权术出手不凡。她设法买通御医，在宣帝即位3年后，毒死已怀孕的许皇后，硬把自己的小女儿嫁给了汉宣帝。宣帝心生怀疑，留心洞察。后来霍光知道此事，大惊失色，想向汉宣帝如实奏报，又迫于利害的考量，犹豫再三，因念夫妇情深，没能大义灭亲，隐瞒了妻子的罪行。

霍光死后，他的妻子霍显为其增大坟茔，奢华越制；又为自己大兴土木，扩建宅第，极奢侈之能事，挥金如土，放荡不羁。她的舆车外壳饰以黄金，车内外饰以精美的锦绣，出行时命令侍女挽着五彩丝绦，四处游玩，优哉游哉，宛若天仙。她的子侄也学她样，大造园林宅第，极尽犬马声色之娱。

霍光死后，霍氏毒杀许后之事泄露。宣帝闻知，收取了霍氏兵权。霍氏渐生怨恨之心，霍光的儿子霍禹等人密谋杀害忠臣、废宣帝，但政变尚未发动就被发觉。宣帝不能再容，派吏四出，霍氏宗族除霍皇后被废幽禁外，连坐被诛灭不下千家。汉宣帝封赏了告发霍家谋反的人，赏赐了徐福。

【评点】

安与危、胜与败、福与祸，不是一成不变的，在一定条件下都可以相互转化。应清醒地认识到，"平流"中隐藏着险礁，胜利中潜伏着危机。今天的"平流"常常是从昨天的"险流"转化来的，但如果把握不当，志得意满，骄傲放纵，眼前的"平流"就会变成"险流"。古往今来，这样的事例有很多。

霍光是历史上有名的辅臣良佐，秉公执政，不阿贵戚，治理天下功不可没。霍光两次操控皇帝的废立，是因为他坚持了选贤和选长的原则，出以公心、忠心，注意听取朝议和民意。实践也证明，他主持选立的皇帝，是比较贤明和有作为的。这与历史上的一些权臣完全为着一己私利，专门废长立幼、废贤立劣，以便自己长期把持朝政、擅操恩福相比，确乎难能可贵。班固在"赞辞"中说他："处废置之际，临大节而不可夺，遂匡国家，安社稷。拥昭立宣，光为师保，虽周公、阿衡，何以加此！"可惜后来在权势面前不知收敛，逐渐呈骄傲、专横之态，专制擅权，跋扈于朝。

· **理政古鉴** ·
——从历史中汲取走向未来的智慧

霍光以一臣子之身,受命行周公之事,有周公之威,无周公之德。周公尽忠尽职,无怨无悔,体现了政治家的非凡气度,被视为历代贤相之楷模,仁义的化身。霍光却被权势迷住了双眼,贪权恋势,认为拥有权势便拥有了一切。以至于临死时,还念念不忘请求宣帝封兄孙霍山为侯,想让子弟世世享受权势带来的威福。

纵观霍光一生,他位极人臣,权倾天下,功业彪炳;但他却是一个失败者。一个成功的男人,背后必定有一位贤惠的女人,而霍光背后,恰恰有一个飞扬跋扈的女人将他推到了悬崖边。

霍光治家的失败主要表现在两个方面。一个是对夫人的骄纵缺少管束。霍光的夫人霍显原本是霍光正室的陪嫁侍女,妻死扶正,后生儿育女,成了一家主母。她行事没有法度,心计凶险,仗势妄为,费尽心思将同自己品性如出一辙的女儿霍成君嫁入宫中,并买通女医,在宣帝即位第三年毒死了有孕在身的许皇后,事后才告诉霍光。霍光惊恐万分,想举报自首又缺少勇气,终于敌不过霍显的缠扰,没能大义灭亲。而是隐瞒了妻子的罪行,示意承审官员不要对女医严究,掩掩遮遮,不了了之,为家族后来的灭门之罪埋下了祸根。

另一个是企图给子孙谋取更大的富贵以永葆富贵,结果威逼主上,招致众怒。霍光妻及霍氏子孙,家政不修,骄横奢侈,霍光去世后更是肆行无忌。为削夺霍氏权力,宣帝采取了一系列措施。霍氏不甘心权势被削,遂密谋借机杀平恩侯许广汉和丞相等人,再以太后名义下诏废掉宣帝而立霍禹,结果被人告发。公元前66年,宣帝决定新账旧账一起算,收拾霍家。霍家一家人个个被杀,落个"家破人亡"的凄惨下场,此时距霍光辞世不足三年,真可谓是平流无石有沉沦。

• 平流无石有沉沦 •

像霍光家族这样的悲剧曾在历朝历代重复演绎，在现实生活中也有与此相似的事情，导致灾难性后果。历史上发生过的很多事情应作为今天的镜鉴。一个成功的男人背后站着一个成功的女人，一个贪官的背后则站着一个贪婪的女人。近些年所揭发出来的"老虎"和"苍蝇"们，又有几个传承了良好的家风、家教，真正做到了"正心、修身、齐家"？

一些贪官后院着火，毁掉前庭，落得悲惨结局，很大程度上是因为个人作风不检点和对家人管束不力，疏于对欲望极强的家人进行管束。一些领导干部能经受"台风"的袭击，却经受不了"枕边风"的侵袭。有的领导干部之妻，把道德品行拒之门外，把丈夫手中的权力看成是家庭私有财产，当作发财致富的"摇钱树"，一而再、再而三地索贿受贿，让腐化堕落长驱家门。这类人或怂恿，或唆使，或抱怨，或"垂帘听政"，甚至"夫卖权妻收钱"，纵容自己和家人穷奢极欲，以金钱为轴心，发不义之财，在背后或推动或催化，使丈夫一步步走向犯罪的深渊，最终把丈夫推上历史审判台，自己也难以逃脱法律的制裁，最后共同沦为罪人，导致家毁人亡、人财两空。

大凡为官者，都要敬畏权力、慎用权力，不要让权力被亲情"绑架"。从近年落马的官员来看，可分为六类：枕边风型、全家上阵型、夫唱妇随型、里应外合型、狐假虎威型、情人、兄弟合伙型。很多人不亲自出面滥用权力，只需通过配偶或子女，借助其影响力即可轻而易举攫取巨额灰色利益。前中央军委副主席徐才厚被查，官方发布的消息这样说道："直接和通过家人收受贿赂，数额特别巨大；利用职务影响为他人牟利，其和家人收受他人贿赂……"有统计证明，在贪污

理政古鉴
——从历史中汲取走向未来的智慧

受贿等腐败案件中，70%的案件所涉及的贿赂是由官员家眷甚至情妇收受，官员被"枕边人"拖下水。

贪官及其"贪内助""家庭会计"出问题，就是出在"德"上，是放松自身道德修养所致。在贪欲的支配下，夫妻在一贪俱贪、共同腐败过后，终会招致一损俱损、同耻同罪的结局。山东省莱州市原市委书记矫智仁受审时不无感慨地说："我戴的手铐有我的一半，也有我妻子的一半。"用惨痛的教训诠释着"妻贪夫祸多"的道理。

当"廉内助"，在物质上清贫一点，拥有的却是弥足珍贵的宁静和自由。《增广贤文》有言："妻贤夫祸少，子孝父心宽。""贤妇令夫贵，恶妇令夫败。"贤惠的妻子会经常劝诫丈夫凡事三思而后行，而丈夫谨慎行事，自然祸少。

■ 博陆时方专国柄，济阴早已被弓弨。

——［宋］李吕

■ 走向疯狂的第一步，就是自以为聪明。

——［西班牙］费尔南多·德·罗哈斯

古今不少危亡祸，半自蛾眉误主聪

◎ 汉成帝宠幸赵飞燕姊妹，荒淫而误国。西汉王朝从此一蹶不振，日落西山。唐代王翰《飞燕篇》云："古来贤圣叹狐裘，一国荒淫万国羞。"许多王朝走向衰落，一个重要原因就是君主们贪恋美色，奢靡无度。

淫之祸并不止于淫本身，贪色和滥用权力往往联系在一起。为了猎色，一些人不惜滥用手中的权力，结果导致一系列祸患发生。

创业时的帝王奋发有为，而朝代末期的君王往往昏聩平庸。汉成帝刘骜是汉宣帝刘询的孙子，汉元帝刘奭（shì）的儿子，19岁即位，备受汉宣帝的宠爱，却无雄韬伟略和治国之才。

汉成帝对容貌端庄、知书达礼的许皇后宠爱有加；对容仪端正、熟谙经史又擅长音律的昭仪班婕妤，也喜爱得无以复加，视为知音。但是，她们俩都没有孩子。

有一次，成帝在后苑游玩，想同班婕妤一起乘坐车辇。班婕妤说："看古代留下来的图画，贤明的君主身边都有名臣侍驾，三代昏庸的

理政古鉴
——从历史中汲取走向未来的智慧

君主身边才有宠爱的女子。今天皇上想与我同车,这不是和三代亡国之主有点相近吗?"成帝认为她说得好,便收回成命。太后听到班婕妤以理制情,不与皇帝同车出游,高兴地说:"古代有贤惠的樊姬,今天也有贤惠的班婕妤呀!"

好色的汉成帝为摆脱朝廷礼仪束缚,常常穿着平民百姓的衣服,带着随从,在市井街巷中寻乐。奸人张放等人就把汉成帝引进烟花柳巷,此后,汉成帝贪恋女色,肆意寻欢,不问朝政。

有一天,成帝来到阳阿公主家,一眼看上了一个歌如莺语、舞似燕翔的歌女,便带回宫中,大为宠爱。这个女子便是历史上大名鼎鼎的赵飞燕。

赵飞燕生在平民之家,其父冯万金是个音乐家,编制的乐曲十分动听。赵飞燕原名宜主,幼年非常聪明,"善行气术"。长大后,苦练歌舞技能,舞姿轻盈,如燕飞凤舞,故人们称其为"飞燕"。父母相继去世后,她便同妹妹一同流落长安以打草鞋为生,后来成为赵临的义女,过着寄人篱下的生活。接着,又通过赵临的关系,到阳阿公主家当婢女。

赵飞燕姿容美丽,风情万种,身材窈窕,"身轻若燕,能作掌上舞",红袖翩翩,婀娜妖媚,使汉成帝神魂颠倒,沉溺于石榴裙下。

不久,汉成帝听说,赵飞燕的妹妹赵合德婉丽美艳,不逊于飞燕,亦令其入宫。成帝为赵合德修造了金碧辉煌的昭阳宫,从此一头撞进"温柔陷阱",每天与其饮酒作乐,再也无法自拔了。

由于汉成帝的宠爱日甚一日,赵飞燕姐妹有恃无恐,权倾后宫,挟宠作乱。民间流传着"燕飞来,啄皇孙"的童谣,说的是赵合德竟能逼迫成帝令已怀孕的许美人打掉龙种。赵氏姐妹称得上是"红颜祸水"。

许皇后痛恨赵氏姐妹,在孤灯寒食的寝宫中设置神坛,祈求皇帝多福多寿,诅咒赵氏姐妹灾祸临门。事情败露后,赵氏姐妹诬告许皇后向鬼神祝祷咒骂后宫,也咒骂皇帝。汉成帝大怒,把许皇后废居昭台宫。

赵氏姊妹又嫉妒班婕妤的才德,想方设法谋害她。于是成帝亲自审问当年爱恋不已的班婕妤。班婕妤不得不借口侍奉王太后,长居长信宫。不久,成帝改立赵飞燕为皇后,赵合德为昭仪。形同槁木的班婕妤,每日陪侍王太后,想起昔日与皇上恩爱之情,不觉肝肠寸断,珠泪飘零。

赵飞燕姊妹虽然被专宠10余年,却始终未能生下一男半女,这不能不说是她们最大的心病。为了继续赢得皇帝的专宠,赵飞燕以祈祷为名,另开一室居住,整日和那些被她搜罗来的美貌少年寻欢作乐,想使自己尽快怀孕。令后宫佳丽黯然失色的赵合德则施展手段,牢牢把成帝拴在自己的身边,迷得他神魂颠倒,寸步不离。

赵氏姊妹还极力灭绝后宫有子的嫔妃,以致"生子者则杀,堕胎者无数",残忍和恶毒到令人发指的地步。

成帝对于这姊妹两人的狠毒行径并非不知,但沉迷于温柔乡中的他难以自拔,以至于亲眼呆望着自己的骨肉被赵飞燕闷死,只能流泪哀叹。成帝在位25年,到头来却没有一个孩子。

成帝痴迷温柔乡,耽于淫乐,夜夜春宵,即使见到各地相继发生水灾、地震,也毫不担忧,还厚颜无耻地说:"我终老这温柔乡足矣,

· 理政古鉴 ·
——从历史中汲取走向未来的智慧

不要白云乡（白云乡是汉武帝的追求和向往，是长寿、成仙的代称）。"在赵飞燕姐妹的轮番轰炸下，成帝的身体渐渐吃不消，到了最后，连走路都有点打晃、迟钝，于是不断增加春药剂量。公元前7年的一天夜里，成帝躺倒在赵昭仪的床上，快天亮时突然昏过去，不一会儿便一命呜呼。

赵飞燕姊妹承宠已久，树敌太多。成帝一死，朝野震动，群臣声讨赵氏姊妹，说她们是祸水，祸及后宫。赵合德深感大势已去，自知罪责难逃，只得自杀。

公元前7年，年幼的刘欣（汉成帝的侄儿）继位，是为汉哀帝。王氏外戚讨伐旧敌。赵飞燕被幽禁于北宫，含恨自尽。正是："燕燕双飞入汉宫，皇孙啄尽血风红。古今不少危亡祸，半自蛾眉误主聪。"

【评　点】

试看多少历史人物横空出世，却不检点自己的行为，沉湎于美人的石榴裙下，最终事业倾颓，贻笑后人。

沉鱼落雁、闭月羞花、香气袭人、风姿绰约的美人，是皇帝们的普遍追求。夏桀宠妹喜，建造琼室瑶台玉床，只顾淫乐，不理朝政。周幽王专宠褒姒，千金买笑，烽火戏诸侯。汉灵帝改革嫔妃宫女的服装，让嫔妃宫女都穿上开裆裤，以方便皇帝随时临幸。魏明帝曹叡因好色过度，以致精力耗尽，死时只有36岁，正当盛年。晋朝的开国皇帝晋武帝司马炎推出"羊车临幸嫔妃法"。隋炀帝杨广发明了寓性生活于娱乐之中的"任意车"。车上暗藏机关，缚童女其手足，行幸时可以毫不费力。身为九五之尊的唐玄宗李隆基色令智昏，竟将自己的儿

• 古今不少危亡祸，半自蛾眉误主聪 •

媳妇杨玉环揽入自己怀中。宋徽宗赵佶为了一睹京城名妓李师师的芳容，竟然令人挖了一条从皇宫大内直通烟花柳巷的地道。

西汉枚乘曾说："皓齿蛾眉，命曰伐性之斧。"

有人统计，从秦汉至明清，有生卒年可查的皇帝共有209人，70岁以上的仅8人，只占4%，50岁以下的多达142人，占68%，平均寿命仅39岁。皇帝多短命的重要原因，除在政治斗争中死于非命外，还有就是早婚之后，后宫嫔妃成群，纵色过度。中国历史上第一个皇帝秦始皇，其妻妾多达万人，在咸阳附近建宫室270多座。汉武帝雄才大略，同时也风流放荡，嫔妃多达18000人，他曾大言不惭地说："能三日不食，不能一日无妇人。"《晋书·石季龙载记》说，十六国时期后赵的皇帝石虎，其妻妾达10万之多，即"夺人妻女，十万盈宫"。

有媒体报道，在近年来查处的腐败事件中，有90%的人有婚外情、包"二奶"、嫖娼行为，为了低格调的刺激带来的"快慰"，最终踏上无视党纪国法和人民利益的不归路。湖南省郴州市原副市长雷渊利为了能长期玩弄女人，不仅玩权，也玩钱。他说："不玩权，就玩不来钱；不玩钱，就玩不了女人；要玩女人，就得玩权；玩了权，才能玩女人。"

有的人思想境界不高，面对美色而迷乱失态，则必定一步步跌进诱惑的陷阱、贪欲的深渊。

领导干部在金钱、权力、美色面前能否挡住诱惑，关键在于自己是否能保有正直、忠诚之心。既然很多情况下不得不直面诱惑，就应慎对诱惑，以不变应万变，切莫花了眼、昏了头。

· **理政古鉴** ·
——从历史中汲取走向未来的智慧

■ 古来贤圣叹狐裘,一国荒淫万国羞。

——〔唐〕王翰

■ 对美色的倾倒和渴望占有对方,并不是爱。

——〔英国〕高尔斯华绥

事之至难，莫如知人

◎ 王莽城府极深，外示敦厚恭俭，内怀奸诈贪毒，大奸似忠，利用弄虚作假、矫情作伪的手段收拢人心、赢得赞誉，大权在握便暴露出篡权窃国的真面目。他任意胡来，朝令夕改，不合时宜地想恢复周礼，恢复井田制，可惜是开倒车，终使天下大乱。

汉成帝荒淫，即位后朝廷的大权逐渐落于外戚。王莽是汉元帝皇后、汉成帝母亲王政君的侄儿。他深知，要改变自己的地位，光靠读书是不够的，还需要伯父、叔父的提携。

公元前22年，王莽的伯父、把持朝廷大权的大司马王凤病重，这可是个绝好的机会。王氏子弟只知享乐宴游，唯独王莽日夜伺候，不离伯父床头，从请医把脉，到煎药倒尿，殷勤备至地照顾，连月衣不解带，"乱首垢面"。给伯父喂汤药，王莽先尝，以防有人下毒。王凤弥留之际，郑重地向皇太后王政君和外甥汉成帝推荐、提携王莽。王凤死后不久，王莽很快升为射声校尉。

38岁的王莽升为大司马将军后，想以此为跳板，向更高的权位登

理政古鉴
——从历史中汲取走向未来的智慧

攀。他内有奸诈,外示谦逊恭谨,礼贤下士,常把自己的俸禄和赏赐送给宾客,资助书生,救济灾民,一副敦厚的样子赢得别人赞誉。

有一次,他的母亲生病,诸侯、大臣派夫人来看望,只见一个穿粗布衣服的妇人出来迎接。众夫人得知这个像仆人一样的人,竟是王莽的妻子时,十分惊奇,认为王家俭朴,家属过苦日子,真是名不虚传。

王莽把女儿嫁给平帝做皇后,成了名正言顺的实际独裁者。王莽的长子王宇见父亲专权,压制卫氏外戚,担心平帝长大后怨恨王莽,危及王氏全家,于是联络师友弄些鲜血洒在王莽家门上,假作怪异吓唬他,然后以天意来劝解。王莽得知实情后,将王宇投狱逼死。

汉平帝14岁时,见王莽专权,压制自己的母亲卫氏,流露出不悦的神色,表露出不想再当傀儡的态度。王莽"怒从心上起,恶向胆边生",就在为汉平帝贺寿时,诱逼平帝喝了一杯毒酒。平帝至夜间腹痛难忍。王莽得讯,虚情假意地仿照周公替武王祈祷的故事,将自己甘愿代死的祷文封在匣内,"藏策金藤,置于前殿",以示"忠心"。汉平帝几天后身亡,王莽号啕大哭,假惺惺地令天下官吏穿孝衣三年,以示郑重怀念。

王莽感到自己当皇帝的条件还不成熟,就决定再立个傀儡,拥立2岁的宣帝玄孙刘婴为"孺子",觊觎帝位已久的王莽做起"摄皇帝"来了。

公元9年,王莽废黜刘婴,在爪牙的欢呼声中戴上皇冠,篡夺汉的天下。最为虚伪可笑的是,在登基大典上,王莽还泪水涟涟地拉着孺子婴的手,把自己的篡国说成是上迫于天威,下迫于民意,不敢不为,不得不为。

• 事之至难，莫如知人 •

"新朝"皇帝王莽从公元9年到23年在位。他以1000多年前的周礼为蓝本，在经济、政治、文化等方面进行改革，大有不改回青铜时代绝不罢休之势。然而事与愿违，这些改革反而加剧了社会危机。

王莽采取行政手段，强制推行不恰当的改革措施，引起朝廷内外普遍不满。以币制改革为例，前后一共进行了四次，结果物价飞涨。原来拥护王莽改革的人，也转而反对王莽。改制所用的官吏，很多原来都是商人，他们"乘传求利，交错天下，因与郡县通奸，多张空簿，府藏不实，百姓愈病"，造成社会混乱，改革以彻底失败告终。

王莽给匈奴等少数民族首领更改名号，更换印章，纯属文字游戏，却刺激了少数民族的感情，酿成了连年的战争，加速了新朝的灭亡。

王莽的改革具有很大的盲目性、随意性，造成全国一片混乱。随着王莽改制的破产，一场酝酿已久的农民大起义终于爆发了。

公元23年，绿林、赤眉两支起义军声势浩大，起义军攻入长安城，长安陷落。69岁的王莽被商人杜吴杀死于渐台，结束了他复杂而罪恶的一生。

【评 点】

王莽外示恭俭，沽名钓誉，一副忠臣君子的模样，内怀贪毒，以大奸若忠的虚假道德，得以掩天下人之耳目，骗取信任，爬上高位。这样的小人最具迷惑性，也最具危险性。

唐代周昙《前汉门·王莽》诗曰："权归诸吕牝（pìn）鸡鸣，殷鉴昭然讵（jù）可轻。"太皇太后万万没有想到，她一手栽培的侄儿

理政古鉴
——从历史中汲取走向未来的智慧

竟欲篡夺她儿孙的天下，但悔之晚矣。

班固评论说，自从古书记载乱臣贼子以来，考察他们引起的祸患和失败的凄惨，从没有一个能超过王莽。王莽可谓善于伪装的典型，倘若他没有来得及兴风作浪就死掉了，说不定真要蒙蔽世人几千年呢。因此，为政者一定要慎心察人，不为一时假象所迷惑。

在用人的问题上，我们当然要注意不用坏人，但好人和坏人都没有在额头上贴标签，这就需要我们去识别。怎样识别呢？单凭直观感觉，难以真正知人。用求全责备的眼光来看待人，则无人才可言。

鉴人识才，需有超人一等的判断力，需要不随流俗的鉴别力。为政者最大的隐患在于不知人和不识人。宋代陆九渊说："事之至难，莫如知人；事之至大，亦莫如知人。"

有些人表面举止与本质大不一样。《淮南子·泰族训》中讲："丑必托善以自为解，邪必蒙正以自为辟。"表面谦卑而行为骄逸者有之，看似真诚专一却无情无义者有之，似乎竭尽全力却另有图谋者有之，外表忠厚善良而行为虚伪狡诈者亦有之。可见，识人本性和本质不可忽视。

王莽不顾、不懂经济规律，强行推进币制改革，在货币理论上奉行主观历史唯心主义。王莽改革的着眼点不是向前看，而是把一些被历史淘汰的东西重新使用，模仿历史上曾有过以贝、龟、布为币的做法，货币的形制也一味地仿古，并凭想象作价。用这些复古的思想来指导关系国家命运的币制改革，这就犯了指导思想的错误，是开历史的倒车。

王莽推行的币制改革朝令夕改。版别之多（三十七种），次数之频繁（八年四次，平均每两年一次），比价之低，等级之多，都是史

• 事之至难，莫如知人 •

无前例的。这严重背离了货币流通规律。他在操作中一再违规，结果把社会经济搞乱，把人民生活搞糟，因此注定会失败。急躁容易乱思维，急躁往往事与愿违。做事要有计划有步骤，三思而后行，方能立于不败之地。王莽篡夺帝位，但没有坐长远。他没有进行试点和考证，就推出一系列大规模的变法，触及社会各个领域，其广度和深度在中国历史上是罕见的，改革土地制度、改革币制、禁止奴婢买卖等，显得太急躁；推行不力时又朝令夕改，反反复复，叫人无所适从；加之大权独揽，刚愎自用，拒不纳谏，结果成了孤家寡人。改革没有解决当时存在的各种社会问题，反而激化了各种社会矛盾，以彻底失败而告终。

■ 重赋严刑作祸胎，岂知由此乱离媒。家传揖让亦难济，况是身从倾篡来。
——〔唐〕周昙

■ 地道的自私自利又戴上友谊面具的人，很有可能会设置陷阱来坑害你。
——〔俄国〕克雷洛夫

财富人所羡，但须问来源

◎ 石崇富甲天下，财色俱贪，狂傲斗富，是西晋王朝奢靡、腐朽、败亡之风的缩影。老虎因贪羊而落入猎人设下的陷阱，鱼儿因贪诱饵而丢掉性命。不义之财拿到手，终会成为灾祸。

西晋结束了东汉末年以来近百年的战乱分裂局面，却在52年后亡国。一个重要原因，是上层统治者完全沉湎在荒淫无度的生活里，肆无忌惮地挥霍、骄奢淫逸，贵戚、官僚竞相奢侈，喜欢比富，整个社会充满了奢靡、腐败之风。

石崇，西晋开国功臣石苞之子，历任散骑常侍、荆州刺史、卫尉等职，因朝中有佞臣贾谧做靠山，称霸一方。曾远劫商客，盗挖坟墓，贩卖人口，求财无所不用其极，致财富不计其数。其室宇富丽，名曰"金谷园"。

石崇为了显示自己豪富，常常要美女为客人劝酒，如客人饮酒不尽，则叫左右将美女斩杀。王恺是晋武帝司马炎的舅舅，他依仗权势，为所欲为，在生活上更是奢华无度。石崇与他争豪比富。王恺出门，

• 财富人所羡，但须问来源 •

用紫丝布做成40里长的步障，石崇就用锦缎做成50里的步障；王恺用赤石脂泥墙，石崇就用香料泥墙……晋武帝赐给王恺一株珊瑚树，高两尺许，世所罕比。王恺十分得意地将珊瑚树拿到石崇面前炫耀。不料石崇竟用铁如意击去，把珊瑚砸了个粉碎。

王恺很惋惜，以为石崇此举是妒忌所致，因而声色俱厉地斥责石崇。谁料石崇却漫不经心地说道："这没有什么值得大惊小怪的，我现在就还给你。"随即命人搬出自家珍藏的各式各样的珊瑚树，其中高三四尺的就有六七株，株形绝佳。王恺见后，惘然失意，知道自己又输了。

石崇家的厕所十分讲究，有两个衣着艳丽的婢女侍列于旁。金谷园蓄养的歌伎、婢女达百人，穿戴皆十分华丽。其中一位叫绿珠，美艳无比，又擅长吹笛子，备受石崇宠爱。

公元300年，"八王之乱"发生后，赵王司马伦专擅朝政。其部将孙秀（与石崇有宿怨）暗慕绿珠，派人索要绿珠。石崇万般无奈，让他的十几个婢妾出来，任孙秀挑选，就是不愿给绿珠。

孙秀索取绿珠未遂，乃力劝司马伦杀掉石崇。于是司马伦派甲士前去假传圣旨逮捕石崇。石崇知道事情不好，就对绿珠说："我今天为你而得罪了孙秀。"绿珠流着眼泪，看着石崇说："我只有在您面前以死相报了。"说完纵身跳下高楼，顿时气绝身亡。石崇想拉却没有拉住。正是："楼前甲士纷如雪，正是花飞玉碎时。"

石崇被押解至东市处斩时，仰天长叹："你们这些人是为了贪墨我的家财呀！"执刑的人揶揄说："你既然知道万贯家财是祸根，你因财被害，何不早些将财产分一点给别人呢？"

理政古鉴
——从历史中汲取走向未来的智慧

石崇无语可答,后悔莫及。石崇全家15人都被杀死,而他的全部珠宝、货物、田宅以及800名家仆,也都被没收。

【评 点】

石崇是晋朝人,历任散骑常侍、荆州刺史、卫尉等官职。他在朝廷里投靠贾谧,为逢迎贾谧无所不用其极,甚至贾谧的外祖母出门,他都要站在路边,望车尘而拜,深为时人所不齿。

石崇在《思归引》小序中说:"余少有大志,夸迈流俗,弱冠登朝,历位二十五。年五十以事去官。晚节更乐放逸。"但他不知古训:"地广而不平,人将平之。财聚而不散,人将争之。"

刺史是一州的最高长官。石崇是晋武帝身边的红人,倚仗官势经商,越做越大,异常红火。史书中记下了这样一笔:"在荆州,劫远使商客,致富不赀。"石崇对路过荆州的商人实施了明火执仗式的抢劫,他的原始积累血腥而肮脏。

石崇富甲天下、财色俱贪、狂傲斗富,是西晋王朝奢靡、腐朽之风的缩影。他筑超豪华金谷园,碎极珍贵珊瑚树,如此罕见的比富争豪,已显示和张扬他一夜暴富的狂傲,必然会引起大富豪王恺等人的忌恨;靠劫掠起家,获不义之财,又无所顾忌地敢与皇室和国戚比个高低,怎能不被忌恨的当权者借故杀害?

追求和拥有财富本身并没有什么错,关键是获取的途径是否正当与合法。清末刘孟扬在《戒贪铭》诗中说:"财富人所羡,但须问来源。来源果正当,虽多不为贪。来源不正当,清夜当自惭。"

"贤而多财,则损其志;愚而多财,则益其过。"(《汉书·疏

财富人所羡，但须问来源

广传》）——贤良的人拥有多余的财物，容易腐蚀他的意志；愚庸的人拥有多余的财物，容易给他增加过失。高飞之鸟，死于美食；深泉之鱼，死于芳饵。

老子说："富贵而骄，自遗其咎。"石崇有财富有权势，却不知道低调做人，反而骄横恣肆，给自己招来无穷的祸患。

欲而不贪，是做人为官立身之本，极为重要。古今中外许多典型案例反复昭示人们：贪婪很可怕，一旦沾上了，便难逃它无休无止的纠缠；贪婪很可悲，它会将你已拥有的东西毁于一旦。因此，无论是谁，莫为满足贪欲而求不义之财。

北魏有个河间王元琛，家里用玉做井栏，用金子做吊水的罐子和井绳。他家里金银、水晶、玛瑙制成的东西太多了，不仅堆满了珠宝、丝绸，还有很多歌女、舞女以及名马。他骄横地对别人说："不恨我不见石崇，恨石崇不见我！"后来有河阴之役，元氏贵族被歼灭，元琛原先的住宅变为佛寺。

每个人享受的财富是很有限的。庄子说："鹪鹩巢于深林，不过一枝；偃鼠饮河，不过满腹。"既然如此，何必过于敛积财富，为何不知适可而止？

宋代诗人刘克庄《杂咏一百首·石崇》说："金谷觞豪友，珠楼拥艳姬。南交来处悖，东市悔何追。"财富是身外之物，官位是暂时的，它们都不会与人们相伴到永远。古往今来，无论是君王，还是权贵，有谁能把金银珠宝永久地保存在自己手中呢？都没有。有的人即使把自己与珠宝埋葬在一起，以为可以永久享受，结果被偷盗一空，甚至尸骨被弃之荒野。

·理政古鉴·
——从历史中汲取走向未来的智慧

波斯著名诗人萨迪说:"世人往往如此,当他们不懂得生活价值的时候,就会羡慕虚荣的显赫、浮世的荣华和纵情的逸乐,最终便是跌在蜜里的苍蝇,永难自拔。"我们应该珍惜目前的拥有,享受属于自己的那份幸福。

放弃对金钱权力、虚名的过分迷恋,会使你沉浸到轻松和宁静之中,便能保持平和、乐观的心态,去实现人生的价值,与快乐和幸福结缘。

■ 凡人坏品败名,钱财占了八分。

——〔清〕史典《愿体集》

■ 国王如果在一个百姓的果园里摘下一个苹果,那么,他的臣属就会砍走一棵苹果树。

——〔波斯〕萨迪

身危由于势过,祸积起于宠信

◎ 从桓帝开始,东汉政权开始走下坡路,权臣梁冀无疑加速了东汉灭亡。蔡东藩在《后汉演义》中说:"天道喜谦而恶盈,福善而祸淫,观诸梁冀夫妇,而为恶者当知所猛省矣!"诸葛亮在《出师表》中说:"亲小人,远贤臣,此后汉所以倾颓也。"

梁冀本是不学无术之徒,依仗其父遗泽和外戚裙带关系,地位日高,权势日重。梁冀两个妹妹先后为顺帝、桓帝皇后。其父梁商是顺帝时的大将军,为政谦柔,虚己进贤。梁商临终前同意梁冀作为自己的接班人,完全是受梁冀蒙骗所致。

梁冀自居官之时,就骄横不法、嫉害忠良。洛阳县令吕放是梁商的好友,见梁冀有辱梁家门风,怕他将来闯大祸,出于好心,向梁商反映梁冀常常欺男霸女,却又嫁祸于人。梁商把梁冀找来教训一顿。梁冀丝毫不去体会吕放的良苦用心,偷偷派刺客于途中将吕放暗杀。他唯恐父亲知道实情不放过自己,便四处放风,说吕放死于仇家之手。随后,他请求上司将吕放的胞弟吕禹升任洛阳令,以示对殉难大臣的

·理政古鉴·
——从历史中汲取走向未来的智慧

优恤。接着,又授意吕禹捕杀了凶手,尽灭其宗亲、宾客百余人,以达到杀人灭口的目的。从此,再也没人敢向梁商进言,而梁商却误认为梁冀提携吕禹是以德报怨,支持吕禹捕杀凶手是秉直无私,反而更加赏识梁冀。

2岁的汉冲帝死了以后,梁冀为了便于操纵,公然舍长立幼,让年仅8岁的王子刘缵(zuǎn)即位,是为汉质帝。质帝是一个眉清目秀的孩子,人很聪明,看不惯梁冀的蛮横劲儿。有一天,他盯着梁冀的背影,率真地说:"哼!太不像话了,真是一个跋扈将军!"这轻轻的一句话,马上传到了梁冀的耳朵里。

梁冀不由得牙齿咬得咯咯响,骂道:"这个不识好歹的猴儿皇帝,他坐上皇位,还不是老子一根小手指头抬上去的吗?好,既然你不识抬举,那就看老子怎么收拾你!"

梁冀记恨在心,又"忌帝聪慧,恐为后患",便恶从胆边生,于当天晚上暗地里下令宫里的亲信把毒药放在汤饼里,送给汉质帝吃。质帝吃完后,痛苦不堪,身子在地板上连连打滚,立即传召太尉李固。随后质帝命李固给他喝点水,以解毒救命。梁冀唯恐质帝不死,急忙上前阻拦,争执之声未落,汉质帝已因毒性发作而丧命。梁冀怕恶行败露,又将秉义持正、凛然不屈的太尉李固害死于狱中。

几天后,梁冀又挑15岁的刘志做了皇帝,这就是汉桓帝。

吴树出任宛县县令,上任前拜谒了梁冀,却对他庇护坏人的密令不敢苟从。后吴树升为荆州刺史,梁冀为他设酒饯行,乘机在酒里放入毒药。吴树喝得迷迷糊糊地离开梁府,死在乘坐的车上。

涿郡人崔琦因文章写得漂亮,平日为梁冀所善待。崔琦曾作《外

• 身危由于势过，祸积起于宠信 •

戚箴》《白鹄赋》讽刺梁冀所为。崔琦对梁冀说："昔日管仲在齐为相，喜欢听讥谏之言；萧何辅佐汉室，设置书过之吏。如今将军多次为台辅，职位同于伊周，却没听说有何德政，又使黎民涂炭，不能结纳贤良以救祸败，反要钳塞士口，遮蔽君主的视听，将军打算使玄黄改色（玄黄之色，指天地之色）、鹿马易形（指颠倒是非，指鹿为马）吗？"梁冀无话可答，乘机遣送崔琦归故乡，后来杀了他。梁冀使用诸多残忍手段，终于达到了独断专行之目的。

文武官员升迁或调职，都要先到梁冀家门呈递谢恩书帖。大小官员带着金银财宝到他家行贿求情的，络绎不绝，门庭若市，道路上前后相望。相比之下，桓帝深居皇宫，形同傀儡，除了身边几个朝夕相处的贴身宦官之外，总是冷冷清清。

梁冀四方搜刮民脂民膏，抢掠妇女。他派遣爪牙到各州郡明察暗访，登记各地富人的家产，给他们诬构不同的罪名，逮捕入狱，严刑拷打，令他们出钱自赎。出钱少的人，有的被活活打死，有的被流放边疆。梁冀家中有妻妾、奴婢数千人，大都是掠夺所得。

梁冀把持朝政近20年，横行朝廷内外，国家元气殆尽。汉桓帝即位10年，对梁冀的狂妄专横、欺上压下耳闻目睹，渐有不满之意。公元158年，太史令陈授上书，陈述国内屡现灾异，认为"咎在大将军"。梁冀得到密报，授意洛阳郡守，将陈授害死在狱中。

汉桓帝由此发怒，依靠单超等人先发制人，调用千余名军士包围了梁冀的宅第。恶贯满盈的梁冀与其妻孙寿一同自杀。梁氏及孙氏的宗亲被送进监狱，然后全部伏法，暴尸街头。梁冀的故吏、宾客被免官罢黜者有300多人，一时"朝廷为空"。光是梁冀家里抄出来的钱财就抵得上全国税负的一半。梁冀执政时是那么不可一世，权势炙手可热，如今突然被剿灭，老百姓无不拍手称快，庆祝了好几天。

【评　点】

中国古代之所以会出现外戚干政擅权，甚至改朝篡位的现象，是因为外戚大多利用皇室的姻亲裙带关系登上政治舞台，更容易获得帝王的信任，从而进一步扩展权力与权势，甚至凌驾于皇权之上。

西汉王朝由盛而衰从汉元帝刘奭时显露。汉元帝在位16年，柔仁无能，不能用贤，不能黜奸，对西汉王朝衰亡有直接影响。宦官石显恃权擅权、诛杀忠良，是国势每况愈下、走向衰败的罪魁祸首。

东汉后期的政治，一言以蔽之，可谓是外戚宦官政治。皇权旁落到外戚和宦官之手，皇帝成了傀儡。外戚当政，宦官掌权，都是为了满足自己的贪欲，他们为非作歹，惑乱朝纲，导致东汉后期的政治异常腐朽黑暗，社会更加混乱，东汉处于危机之中。

东汉中期以后，皇帝大多年幼无知，中央政权实际上控制在外戚、宦官手中。从和帝以后，小皇帝即位，母后临朝，重用娘家外戚。皇帝之所以多是少年儿童（殇帝是个婴儿），是因为外戚、宦官出于自己的政治目的，将娃娃推上帝座。自和帝、安帝两代，外戚开始专权，形成恶性循环，至梁冀专权而达到极点。

诸葛亮在《出师表》中说："亲小人，远贤臣，此后汉所以倾颓也。"从桓帝开始，东汉政权开始走下坡路，每况愈下、风雨飘摇，梁冀更是加速了东汉的灭亡。蔡东藩《后汉演义》中说："天道喜谦而恶盈，福善而祸淫，观诸梁冀夫妇，而为恶者当知所猛省矣！"

• 身危由于势过，祸积起于宠信 •

这个"跋扈将军"梁冀，是最为跋扈的外戚，专断朝廷将近20年。此人平日权倾朝野，在政治上骄横、凶残，仰不知有天，上不知有君，旁不知有四海之人，是一个"专擅威柄、凶恣日积"、心狠手辣、暴恣不法、杀人如麻的逆臣，什么坏事都干得出来，是东汉政治黑暗的一个活标本。

梁冀与其父亲谦虚谨慎、荐举贤才正相反，他长相凶恶，斜眼，看人直勾勾、贼溜溜的，说话结巴，目无王法，淫乱放荡，奢侈无度，草菅人命，是个纨绔恶汉。朝廷的大权全控制在他手中，皇帝的生死废立也全由他决定，光由他扶立又由他废黜的皇帝先后就有三个，是东汉中后期政治腐败、社会混乱的罪魁祸首之一，其凶暴的程度，日甚一日。当他终于被诛杀，查封的家产竟合全国一年租税的一半。梁冀之所以肆无忌惮，越来越狠毒，其原因是自恃有援立桓帝之功，自恃两妹为顺帝、桓帝之皇后。桓帝名义上有至高无上的权威，实际上是大权旁落的傀儡。

权力具有两重性：善加利用，能成就事业，使人成功，使人神圣；稍有不慎，可能陷入权力的牢笼，为权力所累，甚至导致失败，使人腐朽。权势达到极端而无视监督，受宠过盛而目空一切，就要走向衰败。"身危由于势过""祸积起于宠盛"（西晋陆机语）。权势太盛的人如不接受监督，大多会出现主疑、臣妒、己骄、下谄。桓帝表面上尊梁，暗地里倒梁。等时机成熟时，即以迅雷不及掩耳之势，一举粉碎了梁氏集团。

印度诗人泰戈尔说："当人是兽时，他比兽还坏。"生活上奢侈无度、花天酒地，政治上贪权无厌、心狠手黑，性格上疏漫轻狂、暴

· **理政古鉴** ·
——从历史中汲取走向未来的智慧

虐恣肆,三者往往相互依存或互为因果。这种人不但心胸狭小,妒心过盛,而且心机阴险,整天费尽心机去干损人利己甚至根本不利己的事情,最终会走上犯罪的道路,甚至败家、败国。

为政之人应常有"高处不胜寒"之感,如果不加强道德修养,容易自视甚高,仿佛那顶冕旒、那顶乌纱帽赋予了他知识、才华、能力,容易自满得意,轻视别人。如果没有如临深渊、如履薄冰的戒惧谨慎心态,有恃无恐,那么就会从高处跌下来。

■ 一念慈祥,可以酝酿两间和气;寸心洁白,可以昭垂百代清芬。
——〔明〕洪应明《菜根谭》

■ 乌鸦即使在玫瑰水中洗过澡,也仍然是黑的。
—— 印度尼西亚格言

毕竟英雄谁得似，脐脂自照不须灯

◎ 不识时务，不知进退，过高地估计自己的力量，是董卓败亡的重要原因。他既无德，又无才，却自以为功高盖世，还要当皇帝，招致各方面的反对和讨伐，最终身败名裂。

黄巾起义后，腐败不堪的东汉王朝处于风雨飘摇之中。各地豪强、州郡首领以镇压黄巾为名，乘机招兵买马，扩充实力，割据一方，成为大小军阀，他们互相兼并，战事接连不断。宦官和外戚轮流把持朝政，社会动荡不安。天下黎民苦不堪言。

董卓（？—192），字仲颖，临洮（今甘肃省岷县）人，原为河东太守，带兵镇压黄巾起义时屡吃败仗，朝廷欲追究其罪，他贿赂宦官得免。献帝时任太尉，西凉军阀，官至太师，封郿侯。董卓自封相国和太师，独揽朝纲，专横跋扈，玩弄皇帝于股掌之中，成为东汉末年的乱世奸雄。

董卓初到洛阳时，兵卒不过3000人。为了一开始就给洛阳造成一种强烈的军事威慑影响，他便玩弄花招，每隔四五天就命令部队在夜间偷偷溜出城外,第二天一早再浩浩荡荡地开进洛阳,战鼓震天,旌旗招展,俨然千军万马源源不断,弄得朝廷官员以为凉州兵力太过强大,不敢和董卓争锋抗衡。董卓借助这虚张出来的威势,抓紧吞并其他军阀的队伍,收揽兵权。

董卓掌握朝政大权后,极力安插亲信,排除异己。任命自己的弟弟董旻为左将军,封鄠侯;任命侄子董璜为侍中,总领禁军;董氏宗族,不问长幼,皆封列侯。

为了控制皇帝,把持朝政,董卓违背群臣意愿,逼着太后废掉14岁的汉少帝刘辩,另立9岁的陈留王刘协为帝——这便是东汉的末代皇帝,即汉献帝——自封相国,朝臣碍于淫威,敢怒不敢言。从此,董卓名虽为相,实则为帝,总摄朝政。

董卓身为相国,骄横无理,残暴成性,无恶不作。他闻说少帝写的一首诗中有"何人仗忠义,泄我心中怨"之句,遂派手下李儒鸩杀之。他引兵围住村民,烧杀抢淫。挟持汉献帝迁都长安后,为自己在郿坞大兴土木,为自家宗族之人封官封侯。一次,他对北方几百名降兵或砍断手足,或凿其眼睛,或以大锅煮之,以致哀号震天,百官战栗,而他却谈笑自若。他派遣5000铁骑闯入洛阳贵戚府第,大肆抢夺,淫掠妇女,诬其为"反臣逆党",尽斩于城外,把这一举动叫作"搜牢"。

董卓杀死何太后,将她合葬汉灵帝文陵,乘机强行掠取陵中随葬珍宝。西迁长安时,又发掘东汉诸帝陵及公卿墓冢,将陵墓中随葬珍品偷掠一空。董卓还和部将们闯入宫中,随意奸淫公主,抢掠宫人为妻。滥施严刑峻法,人有瞪眼怒视一类的小事,也必定会被处死。

董卓为废立之事与丁原闹翻后,丁原出城带兵向董卓挑战,丁原

• 毕竟英雄谁得似，脐脂自照不须灯 •

手下猛将吕布大败董卓军队。吕布臂力过人，武艺高强，在东汉末年，有"飞将"之称，关羽和张飞均身怀绝技，再加上个刘备，才与吕布打个平分秋色。《三国志》裴松之的注中，载有当时的一句民谣："人中有吕布，马中有赤兔。"

董卓退兵后聚众商议说："吾观吕布非常人也。吾若得此人，何虑天下哉！"后派中郎将李肃，用金银珠宝和赤兔马收买了吕布。吕布遂归顺董卓，刺杀了丁原。丁原部属很快就被董卓吞并。吕布以待他如子的上司的头颅，换取了骑都尉的官职。他又厚颜无耻地拜董卓为义父，做董卓的保镖。

此时的王允，已当上了司徒，是朝廷的重臣。他韬光养晦，决意铲除董卓这个奸贼。董卓无论走到哪里，都把吕布带在身边，这是刺杀董卓的最大障碍。于是王允暗中用厚礼馈赠吕布，和他结为密友。

董卓气量狭小，性情暴戾。有一次，董卓因一件事不如意，拔出铁戟掷向吕布，幸亏吕布反应迅速，才未被击中。吕布是个惯于偷香窃玉的好色之徒，与董卓家里侍婢私通，也担心董卓发觉。吕布经王允劝说，应允作为内应。

王允设"请君入瓮"之计，以天子诏请董卓入朝受禅。董卓抵达宫门。王允即大呼："反贼至此，武士何在？"两旁伏兵闻声而出，用刀戟向董卓猛刺，董卓身穿铁甲，刀刺不入，大呼吕布救他。吕布从车后蹿出高声道："奉诏讨贼，你死有余辜！"一戟刺中董卓的咽喉。

长安的百姓听说董卓被诛，顿时一片欢腾，许多人买酒买肉庆贺。看守董卓尸体的士兵，在他肚脐上插了根灯芯，燃起天灯，一直点到天亮。

· 理政古鉴 ·
——从历史中汲取走向未来的智慧

【评 点】

作家柏杨说:"一个没有政治头脑的人,却坐在必须有政治头脑才能坐的板凳上,实在是一种灾难。他的最大的特征是,深信凭他主观的意志和手中的那点权柄,就可以随心所欲,使太阳从西边出来。"

桓灵之世,外戚、宦官之间斗争越演越烈,地方豪强拥兵自重,社会动荡不堪。灵帝死后,刘辩即位,外戚、大将军何进执掌朝政。皇权在兵权面前软弱无力。董卓带领军队来到国都,废掉了皇帝刘辩,另立刘协为傀儡皇帝,并以此独揽朝政。

董卓凭着武力、奸诈和机遇掌握了朝廷大权。董卓之乱造成了东汉末年政权的极度混乱,激起了天怒人怨。《后汉书·五行志》有一首民谣说:"千里草,何青青。十日卜,不得生。""千里草",即为"董"字;"十日卜",即为"卓"字。"何青青""不得生"则深刻地表达了东汉末年广大老百姓对误国权臣董卓的极度痛恨,都希望他早日死去。就连昔日跟随他的一些官员和心腹,也策划于密室,伺机诛杀董卓。

董卓狠戾残忍,暴虐不仁,倒行逆施,坏事干绝。他放纵士兵在洛阳城贵戚府第中大肆剽房财物,淫掠妇女,称之为"搜牢"。又虐刑滥罚,以致人心恐慌,内外官僚朝不保夕。董卓多行不义,终究死在"义子"吕布的戟下。正如马克思所说:"人类历史上存在着某种类似报应的东西。"

不识时务,不知进退,过高地估计自己的力量,是董卓败亡的重要原因。他既无德,又无才,却自以为功高盖世,还要做皇帝,招致各方面的反对和讨伐,最终身败名裂。正如古罗马域外箴言:"作恶者没有一个是幸福的。"他的恶行还使其家庭受到牵连,连他年迈的母亲也难逃一死,实在是可悲。

■ 衣中甲厚行何惧,坞里金多退足凭。毕竟英雄谁得似,脐脂自照不须灯。

——〔宋〕苏轼

■ 暴君无论杀戮多少人,也杀不掉自己的继承者。

——〔古罗马〕塞涅卡

鹦鹉能言已受奴，祢生杀身为舌误

◎ 一位未经历练的青年才俊，博学多才，卓尔不群，其《鹦鹉赋》可与贾谊《鵩鸟赋》媲美，但他缺少志士仁人应有的素质。祢衡个性张扬、恃才、狂傲、过激，失去了起码的自知之明，招来无数的怨恨。

东汉末年，弱冠之年的祢衡从家乡走向社会时，已小有名气。祢衡颖悟过人，颇有文才，常常妙手写出美文。孔融称他"淑质贞亮，英才卓砾"。然而祢衡依仗自己才思敏捷，傲狂无比。

当时许昌是汉王朝的都城，名流云集，尚书令荀彧、荡寇将军赵融等人都是当世名士。有人劝祢衡参拜荀彧、赵融。他回答道："荀某白长一副好相貌，如果吊丧，可借他的面孔用一下。赵某是酒囊饭袋，只好叫他看守厨房。"祢衡只佩服两个人：孔融、杨修。"大儿孔文举，小儿杨德祖"，便是他的名言。

当时的名士孔融非常欣赏祢衡的才华，特地写了荐表，推荐给汉献帝。可是汉献帝大权旁落，没有实权，把荐表交给了曹操。

曹操善于网罗人才，很想见见祢衡，准备委以重任。由于祢衡秉

• 鹦鹉能言已受奴，祢生杀身为舌误 •

性傲慢等原因，曹操召见祢衡时，有些轻慢，不给他安排座位。祢衡遂仰面感叹："天地虽然广阔，为什么眼前连一个像样的人都没有呢？"竟把曹操的部属都讥讽、挖苦了一通。

此时张辽在旁边，听到祢衡这样狂妄，公开侮辱大家，气得抽出宝剑要砍。曹操没有加害祢衡，想压一压祢衡的傲气，任命他为击鼓小吏。

第二天，曹操大宴宾客，命祢衡穿戴鼓吏衣帽击鼓助兴。没想到祢衡依然穿旧衣服上堂，遭到现场官员的呵斥，于是他在大庭广众之下脱下衣服，赤身裸体，弄得宾客掩面而避。

曹操怒斥："在朝廷的庙堂，为何这样不懂礼仪？"祢衡回答说："目无君主，才是不懂礼仪。我不过是暴露一下父母给我的身体，以显示清白罢了！"

接着，祢衡拿起鼓槌，击出了雄浑悲壮的《渔阳掺挝》，直指曹操说："你不识贤愚，心怀篡夺皇位的念头；你强迫我击鼓，这不过与当年奸臣阳虎轻视孔子、小人臧仓毁谤孟子一样！你想成霸业，怎能这样侮辱人呢？"

当时孔融也在座，生怕曹操一气之下杀害祢衡，便巧妙地为祢衡开脱："大臣像服劳役的囚徒一样，他的话不足以让英明的王公计较。"曹操听出孔融在帮祢衡说话，说："我本想侮辱他一番，却反被他所辱。"

后来，祢衡表示愿意再次面见曹操，曹操很高兴，准备盛宴招待，还特意告诉守门人，祢衡来时，立即请他进去。可是，到了那一天，祢衡身着单衣，"手持三尺梲杖，坐大营门，以杖捶地大骂"，弄得曹操很狼狈。但曹操又不愿因杀祢衡而坏了自己名声，心想这样狂妄的人迟早会出事，便把他送给荆州牧刘表，一推了之。

祢衡到了荆州，掌管文书，颇为卖力，刘表"甚礼之"。过了一段时间，祢衡便倨傲无礼，恃才傲逸的品性依然，又侮慢刘表，得罪众人。刘表不傻，识破了曹操的圈套而不上当，也不愿意担杀才子之罪名，把祢衡转派到生性残暴的江夏太守黄祖那里。

祢衡为黄祖掌书记，起初干得也不错，后来黄祖在战船上设宴，祢衡说话无礼、不中听，说黄祖好像是庙里的菩萨，只受香火，可惜并不灵验，受到黄祖呵斥。祢衡竟顶嘴骂道："死老头子，说的什么话，你少啰唆！"弄得黄祖非常难堪，下不来台，想要打他，祢衡骂得更凶。黄祖盛怒之下，喝令杀他。黄祖的主簿一向嫉恨祢衡，即刻把他杀了。黄祖赤脚来救，已来不及了。黄祖也很后悔，就厚葬了他。

曹操得知年仅26岁的祢衡受害，笑曰："腐儒舌剑，反自杀矣！"后人叹曰："黄祖才非长者俦，祢衡珠碎此江头。今来鹦鹉洲边过，惟有无情碧水流。"

【评 点】

从正史来看，祢衡是个难得的人才。祢衡以狂为荣，以狂扬名。他三易其主，终招杀身之祸，令人惋惜。

祢衡之悲剧，看似偶然，实则早已埋下伏笔。曹操召见青年名士，应遵循礼节，赐其座。但平心而论，即便曹操让他站一会儿，也无可指责。祢衡如有平常心，就不该挑理，应谦逊地站在长者面前，耐心地等待一会儿，一点也不失身份。遇到如此小事就受不了，甚至口出

• 鹦鹉能言已受奴，祢生杀身为舌误 •

狂言，把朝廷上的文武名流贬得一钱不值，实在太过分，太没修养，其狂傲之态，弄得朝中文武人人切齿。

祢衡击鼓骂曹操，表现出顽强个性和不屈抗争精神；但他态度傲慢，恶语伤人，如此骄狂，不思悔改，让推荐他的朋友孔融无颜，又让欲起用他的曹操难堪，而且轻慢刘表、黄祖，语多讥讽，虽畅快淋漓，当世无人可及，但随之而来的就是狂傲过甚，他人不喜，自讨痛苦，只落个"打鼓"之职。更不要说他动辄出言不逊，多有人身攻击，最终丢了性命，成为一个悲剧人物。这不能不是一个深刻的教训。

人有傲骨可嘉，不可有狂傲之行。无谓的自大、旁若无人的骄狂，贬低他人，其实更意味着自己的渺小，无益于人生。一个骄傲的人，总会在骄傲里吃大亏，其命运大抵都不佳，甚至会以悲剧结局。"骄狂使人易怒，过分时就形成一种癫狂，称为大怒或狂怒。"（英国霍布斯）

你傲慢待人，人家就不买你的账，甚至厌恶你。由傲慢而导致失败的事例实在是不胜枚举。身份尊贵的人要注意防止骄矜之气，减少或消除对方的逆反或反抗心理。

许攸是曹操少年时的朋友，后投奔袁绍做谋士。曹操用人不疑，许攸奇计迭出，最终建立奇功。但是许攸并未因非常之功而封爵升官，反而丧命。许攸在帮助曹操出谋划策攻下冀州城后，便恃功骄横，功令智昏，不可一世。曹操统领众将入冀州城，许攸纵马近前，以鞭指城门，当着众人的面直呼曹操："阿瞒，你要是没有我，安得入此门？"在稠人广众之下，许攸直呼曹操之乳名，表现得贪功狂傲，而且在功臣宿将在场的情况下口出狂言。曹操考虑到自己的面子和礼贤下士之名声，不得不忍怒而勉强大笑。

可是许攸并没有察觉，还是信口开河。一日，许褚走马入东门，正遇见许攸。许攸唤许褚说："汝等无我，安能出入此门乎？"许褚大怒，拔剑杀了许攸。

做人、处世，既要永葆"傲骨"，也要学会"低头"，要低调，要谦和，要示弱，让自己与现实环境和谐相处，把不利的环境转化为对自己有利的条件。

"示弱"是为政者不可忽视的一种领导艺术。在某些情况下，恰到好处的"示弱"能够化解难题，融化坚冰，能够把一些通常不太好处理的事情处理得到位，也能够得到上级、同事和下级的理解和谅解。"示弱"是一种谦逊，并不一定就是弱。

心存敬畏，就有了虚怀若谷的君子风度，就有了如负泰山的神圣责任。早在20世纪60年代，邓小平同志就语重心长地告诫全党："我们拿到这个权以后，就要谨慎。不要以为有了权就好办事，有了权就可以为所欲为，那样就非弄坏事情不可。"他还有一段精彩论述："共产党员谨小慎微不好，胆子太大了也不好。一怕党，二怕群众，三怕民主党派，总是好一些。"没有敬畏之心，出一点成绩便口出狂言，不情愿见贤思齐，便不会有造福百姓的作为。摆正人生坐标、心存敬畏的人，才是真正令人敬畏的。

当你发怒或发火时，要提醒自己，人人都有权利根据自己的选择来行事，何必一味禁止别人这样做，不必苛求对方完全按自己意愿去做，不可情绪化处事，要学会允许别人选择言行。

在调节情绪、修养身心方面，曾国藩认为"惩忿窒欲"乃养心大法。

· 鹦鹉能言已受奴，祢生杀身为舌误 ·

"惩忿"，就是遇事不要烦恼、发怒，更不要与人争得你死我活，落得个遍体鳞伤，而要心平气和对待之。他在家训中说："养生以少恼怒为本。"所谓"窒欲"，就是对不良嗜好和私欲有效地抑制，不让其萌生，才能胸怀坦荡、天宽地阔、心身泰然。

■ 五岳起方寸，隐然讵可平。才高竟何施，寡识冒天刑。至今芳洲上，兰蕙不忍生。

——［唐］李白

■ 能够收回脱缰之马，不能收回出口之言。

—— 朝鲜格言

一从天下无真主，瓜割中原四百春

◎ 官德沦丧、腐化堕落往往是社会动乱的导火线。晋惠帝司马衷懦弱无能，故而形成了憨帝当朝、悍后专政的局面——贾皇后呼风唤雨，大权独揽，淫虐、暴戾。西晋政权从贾南风被立为皇后之日起，政局便处于动荡不安中。

司马炎于公元265年底登上帝位，改国号为晋，史称为西晋，司马炎即西晋的开国皇帝晋武帝。公元280年3月，晋武帝大败吴军攻入石头城，吴主孙皓面缚请降，至此吴灭。晋武帝实现了统一全国的愿望。

自司马炎公元265年称帝，至晋愍（mǐn）帝司马邺公元317年投降被杀，西晋立国仅延续52年。晋武帝不是一个有雄才大略的帝王。西晋的覆灭，根源在晋武帝身上。他大封同姓宗室，委以军政实权，种下了皇室厮杀纷争的祸根；选定贾南风做太子妃，更是他严重的失误！

贾南风身材矮小，又丑又黑。司马炎对她的相貌很不满意，但念及贾南风的父亲贾充是西晋的开国元勋，精于权术，同时也想以政治联姻巩固司马氏的政权，所以同意了这门婚事。

贾南风是一个工于心计、心狠手辣、"妒忌多权诈"的女人，是个十足的"权力狂"，独揽宫中大权，还不时干预朝政，震慑太子。

贾南风多年没生子，听说一宫女为司马衷怀了孩子，便刺死了她。此事传到晋武帝耳中，武帝当即决定废掉贾南风，将其打入冷宫，为太子另选贤淑女子为妃。贤惠的杨芷（皇后）向武帝进言："贾南风还小，尚可训育；贾充有功于国家，不能因为贾南风就忘了贾家的恩德。"司马炎骁勇善战、英武果断，但心怀妇人之仁，听杨皇后这么说，只好放弃废太子妃的打算。

杨皇后出于好心，又数次告诫贾南风注意自己的行为举止。贾南风不仅不感谢婆母之恩，反而以为皇帝欲废自己，完全是因为杨芷在皇帝面前说自己的坏话，对皇后的怨恨越来越深。

晋武帝是西晋王朝的开国君主，但他骄奢淫逸，缺乏远大志向。一些正直的朝臣提出废掉痴愚太子而另立新储的建议。晋武帝也"常疑太子不慧"，难以继位管理国家政事，就想考一考司马衷的智商如何。

贾南风怕丈夫暴露弱智无能，便与荀勖弄虚作假，代笔答卷，然后让太子抄写一遍交上去，才使皇太子蒙混过关，得以保住太子位。晋朝短寿的命运由此埋下祸根。

晋武帝统一天下后，沉迷于声色，遂至成疾，于290年去世。司马衷即位，是为晋惠帝。惠帝尊杨芷为皇太后，立贾南风为皇后。

贾南风起初对丈夫的白痴感到沮丧，不过后来感到快慰，因为她可以为所欲为，任意摆布丈夫，采取各种手段参与朝政。司马衷继位后，

· 理政古鉴 ·
——从历史中汲取走向未来的智慧

任太后的父亲杨骏为太傅,做辅政大臣。此人"不可以任社稷之重",但他不甚自知,凡朝中之事,必亲自过问,"又多树余党,皆领禁兵"。目光短浅、目空一切而又专权的杨骏,与一心想夺取大权的贾南风之间,形成了不可调和的矛盾。

杨骏对殿中中郎孟观、李肇一向态度傲慢。贾南风遂利用二人与杨骏的矛盾,指使孟观、李肇向惠帝司马衷上奏,诬称杨骏谋反。于是惠帝深夜下诏,撤销杨骏所有官职,并下令捉拿杨骏。

贾南风害死杨骏后,让朝臣上疏,要求惠帝处死杨太后之母庞氏。杨太后闻讯大惊,她剪发叩头,向贾南风上表,自称小妾,请求贾后饶庞氏一死。贾后不予理睬,假借惠帝之名,将无辜的庞氏斩首。把对她有恩的杨太后废为庶人,并且不给她食物,杨太后被活活饿死。

贾南风大权独揽,将朝廷置于自己控制之下,遂大肆委用亲信、党羽,派他们担任重要官职。贾南风的族兄贾模和从舅郭彰分掌朝政,后母广城君养孙贾谧干预国事。可谓权侔人主,皇帝成为贾南风任意摆布的傀儡。这样一群贪婪残忍、挥霍无度的恶棍,怎能治理好国家呢?

贾皇后不准惠帝与其他妃嫔往来,自己却荒淫纵欲,与太医令程据勾搭成奸,甚至不分昼夜,不避人耳目。她还与其他男子共寝,以至洛阳一带一连串年轻人失踪的奇案无法破获。

就在贾皇后沉醉在淫欲和权欲之间,心花怒放、神魂颠倒的时候,一场血光之灾正离她越来越近。

公元300年4月,赵王司马伦与孙秀策划,手拿伪造的皇帝诏书逮捕皇后。贾南风看到大势已去,只得束手就擒。随后,惠帝在司马伦的挟持下,下诏贬贾南风为平民,搜捕贾氏党羽。300 年 4 月,贾南风被司马伦矫诏用金屑酒赐死,结束了令人唾骂的一生。

【评　点】

纵观历史,那些高山仰止、青史留名的人,无一不是品德高尚者,而那些蝇营狗苟、灵魂肮脏之人,即使才高八斗,也不过昙花一现,成为历史长河中的流沙,甚至被人们唾弃。

贾南风是造成西晋王朝灭亡的一股"祸水"。由于惠帝痴呆愚昧,贾后专横跋扈,直接导致了"八王之乱",社会动荡长达 16 年。西晋也成为一个短命王朝,其后中国南北朝陷入大分裂。

孔子说:"选用正直的人,把他安置在邪曲的人之上,百姓就会服从。选用邪曲的人安置在正直的人头上,百姓就不服从。"《孟子》有"尊贤使能"的主张。孟子说:"不信仁贤,则国空虚。"韩非子《说疑》谈到,英明的君主选用贤良人才,斥退奸邪之人,因此使诸侯顺服。

中国封建社会出现过为数不少的愚痴昏聩之君:或癫狂若傻,乖戾荒唐;或懦弱无能,不理朝政;或沉溺于酒色,游戏无度。其结果往往是权臣擅政、宦官外戚专政、宫廷喋血及社会动乱、国家衰微。

后宫女人迷惑君王,借助皇权呼风唤雨,擅权乱政,左右政局,玩弄大臣于股掌之上,引起矛盾和冲突,将封建统治引向更加风雨飘摇的动荡之中。

贾充夫妇为人诡谲狡诈,贾南风自幼耳濡目染,学得了其中诡诈的精髓。贾南风性多妒意,精于权术,非常凶狠,曾亲手杀过人。晋武帝实在太糊涂,立司马衷为太子,没有废掉贾南风,为晋朝留下祸根。

理政古鉴
——从历史中汲取走向未来的智慧

贾南风对有恩于己的杨太后恩将仇报,诛灭其父母,将杨骏的亲族一扫而光。"人伦之情灭绝,天将乱矣!"司马衷登上了本不属于他的历史舞台,结果表演得一塌糊涂,使小人乘机作乱。

西晋太康之后,后妃失德,母仪沦丧,也时有所见。贾南风尤甚,放纵淫荡。跟太医令程据等通奸,仍不满足,竟在大街上抢拉男子装入竹篓,运进皇宫,享乐取欢。

任何暴戾、专制都不可能持久。国政荒芜,奸权当道,必生内乱,内忧外患,国家岂能不亡。贾南风死后,"八王之乱"愈演愈烈,由宫廷政变发展为全国大混战,给人们带来了无穷灾难。司马氏集团的残忍性、腐朽性,全部表现在这场泯灭人性的恶斗中。惠帝也因食饼中毒而死,终年48岁。西晋在晋武帝死后,只存在了27年。大一统的中国陷入南北朝的分裂割据局面。

酿成宫廷祸乱的总根子,在于王朝"家天下"和皇位世袭的体制。这个总根子不拔除,国家还要濒临危机。中国封建王朝的历代兴亡有个规律:事情做得太过头"必有余殃";由治世走向乱世,不需要多少时间;由乱到治却进度很慢,不是一代人两代人可以完成的。

多行不义必自毙。贾南风推波助澜,酿成了长达16年的"八王之乱"。她的自我毁灭,是她一贯作恶的必然结果。

我们应当以贾南风为反面教材,自觉追求真善美,摒弃假恶丑,让自己的心灵开善言之花,结善行之果,在全社会形成"以善为宝,以恶为弃;从善如流,疾恶如仇"的良好风气。

• 一从天下无真主,瓜割中原四百春 •

■ 一从天下无真主,瓜割中原四百春。

——〔唐〕周昙

■ 邪恶穿行于充满欲望的路径,引诱许多人跟着它走。

——〔德国〕贝多芬

空知勇锐不知兵，困兽孤军未可轻

◎ 苻坚是中国历史上杰出的皇帝之一，统一了黄河流域的广大地区。但由于战争的胜利，苻坚逐渐骄傲，一意孤行，加之没有高瞻远瞩的战略思维，对敌人滥施"仁义"，结果在淝水一战中，被弱小的东晋军队击败，比曹操兵败赤壁还惨。苻坚由盛而衰的过程，值得深思。

前秦是西晋末年"八王之乱"之后，在关中地区建立的政权。一代雄主苻坚文武兼修，在王猛的辅佐下，统一了中国北方，357年自立为前秦王朝的皇帝。

苻坚实行卓有成效的政策，前秦迅速强大。他选贤任能，特别是起用不少汉族知识分子。他以汉人王猛为谋主，前秦的宗戚勋旧多有不服，竞相诋毁，苻坚任之不疑，惩处诋毁者。"尔后上下咸服，莫有敢言。"王猛忠心耿耿，整顿吏治，抑制豪强，兴修水利，劝课农桑，发展生产，加强军力，使前秦成为北方最强大的国家。

能与前秦抗衡的只有占据东南一隅的东晋王朝了。正当前秦大展宏图之时，辅佐朝政的关键人物王猛病死。公元382年，苻坚志得意满，

• 空知勇锐不知兵，困兽孤军未可轻 •

企图一举消灭东晋，实现全国统一。

然而，前秦统一全国的时机尚未成熟。关于这一点，王猛临终遗言说得非常清楚："有好的开始不一定有好的结果。古代那些圣明的先王，知道创立功业不容易，他们在功名面前都像面临深谷那样小心谨慎。东晋虽僻处吴越，占地不大，但为华夏正统所在，而且上下齐心，进攻它未必能取胜。因此，我死之后，你不要急着攻打东晋。新降服的鲜卑、西羌等部并未真归顺，迟早要制造内乱。你不要忘了心腹大患啊！"

建元十八年（382），苻坚在太极殿大会群臣，商讨伐晋大计。他踌躇满志地说："自我继承大业以来，已近30年。现在四方大体平定，唯有东南一隅不肯归降。每当我想起天下尚未统一，我就寝食难安。我们现有兵力大约97万。我准备亲自领兵伐晋，大家意下如何？"

尚书左仆射权翼出来反对说："臣以为不能伐晋。如今晋国虽然微弱，但未有大恶，谢安、桓冲是江左大才，其君臣和睦，上下同心，因此，目前还不是伐晋的时候。"苻坚沉默半晌，才说："那么大家各抒己见吧！"

太子左卫率石越说："现在岁星、镇星守于斗牛，福运在晋一方；而夷夏的人情，也还向往晋主。他们有长江的天险，无分裂的气象，臣认为我们只能保境养兵，等待时机。"

苻坚立刻反驳说："当年武王伐纣逆岁星，却取得胜利；夫差、孙皓凭借天险，却不免灭亡。现在以吾之众，投鞭于江，足以断流，有何险可以依恃的呢？"

散会后，苻融又哭着对苻坚道："晋国肯定是打不下来的。鲜卑、羌、羯之人，布满京城附近，战事一起，都是心腹之患啊。"苻坚生气道："我们击晋，如秋风扫落叶！内外皆言不可，真是莫名其妙！"苻坚的爱妃张夫人明智而且善辨是非，也进言不要出兵。苻坚说："你妇道人家不懂打仗。"

苻坚本来比较能够纳谏，但在伐晋这个问题上，变得异常固执，听不进任何不同意见。朝臣中，唯有慕容垂有意迎合苻坚狂妄自大的心理，积极支持伐晋。他对苻坚说："强以并弱，大以并小，这是势所必然。陛下神明英武，威加海外，雄兵百万，良将满朝，岂能容忍江南蕞尔小国，独抗王命！"苻坚高兴地说："与我共同平定天下的，只有卿一人而已。"

公元383年7月，苻坚下诏大举伐晋，集结60万大军，从长安南下，绵延千里，水陆齐进，旗鼓相望，大有席卷江南之势。东晋抗击秦军兵力仅8万人，以谢石为大都督，谢玄为前锋。秦军前锋苻融率军30万首先到达颍口，初战告捷，攻占了寿阳，秦军慕容垂部攻占了郧城。这时候苻坚、苻融都认为东晋已是刀俎上的肉，于是派遣原东晋太守朱序到晋营劝降。

朱序原是东晋襄阳守将。公元378年，苻坚派大军攻破襄阳后，没有杀他，反留在身边重用为太守。朱序到了晋营，暗中把秦军部署和盘托出，并建议谢石乘秦军尚未全部聚齐，迅速出击，挫其前锋，便可挫伤其军队的斗志。于是谢石、谢玄便改变了作战方针，率精兵5000强渡洛水，一举击溃秦军5万人马，10多个将领被杀。

洛涧大捷后，谢石、谢玄率水陆军并进，直抵淝水东岸。苻坚登上寿阳城头，看到晋军布阵严整，兵势旺盛，又远远望见八公山上密密层层的草木摇动，误以为是晋军，不免害怕起来。苻坚对苻融说："这也是劲敌啊，谁说他们人马少啊？"竟连草木都疑以为敌。

谢石看到敌众我寡，只能速战速决。于是，他决定用激将法激怒骄狂的苻坚。他派人送去一封信，说道："我要与你决一雌雄，如果你不敢决战，还是趁早投降为好。如果你有胆量与我决战，你就暂退一箭之地，放我渡河与你比个输赢。"苻坚大怒，决定暂退一箭之地，待晋军渡到河中间时，再以骑兵冲杀，必胜无疑。于是苻坚就答应了谢石的要求，指挥秦军后撤。

这本来是一次正常的战术退却，但秦兵士气低落，不愿攻打东晋，结果一后撤就失去控制，阵势大乱。谢玄率领8000多骑兵，抢渡淝水，向秦军猛攻。朱序这时趁势在阵后高喊："晋军追来了！秦军败了！"

秦军中有很多人是被强征入伍的，内部本就不稳，纪律松懈，又刚吃了洛涧败仗，越发慌乱。这次后撤引起了几十万军队的大溃逃，自相践踏与落水而死的人不计其数，淝水因此而被堵得断了流。残余的人连夜逃跑，听到刮风的声音和鹤的鸣叫声，都以为是晋军追来了。秦军又饿又冻，十分之七八的人都死了。苻坚被流箭射伤，独自一人骑马逃回河北。想到半生心血，一时付诸东流，他潸然泪下，哽咽地对张夫人说："如今我还有什么脸面治理天下啊！"

苻坚惨败后，沿途收拾残兵，逃回长安后只剩10余万人。前秦瓦解，北方再度陷入分裂割据。而东晋的政权稳固，南北对峙呈胶着状态。

· 理政古鉴 ·
——从历史中汲取走向未来的智慧

【评 点】

有了一流人才辅佐，才能龙乘彩云，虎生威风，得心应手，如愿以偿，而不至于孤掌难鸣，事业平平。《孟子》有"尊贤使能"的主张。他说："不信仁贤，则国空虚。"《吕氏春秋》说："得贤人，国无不安，名无不荣；失贤人，国无不危，名无不辱。"能否选贤任能，关系到人民福祉和国家兴衰。

注重选拔和使用人才，是苻坚励精治秦、统一天下而采取的一系列政策、措施中最重要的一个方面。苻坚召见王猛，两人一见如故，谈及天下大势，英雄所见略同，双方都有刘备与孔明相见之感，于是苻坚对王猛委以大任。王猛忠心耿耿辅佐苻坚治秦，确实充分表现出卓越的政治、军事才干，将前秦治理得井井有条。苻坚称王猛是他的管仲，一年之内，将年仅36岁的王猛连升五级（岁中五迁，权倾内外），最后官至丞相。可以说，没有王猛，就没有前秦的强大。正如范文澜所说："苻坚在皇帝群中是个优秀的皇帝，他最亲信的辅佐王猛，在将相群中也是第一流的将相……苻坚统治下的秦国，镇压豪强，休息民力，出现汉魏以来少见的清明政治，这是和王猛的政治才干分不开的。"

淝水之战惨败后，"投鞭断流"的苻坚被迫狼狈逃窜，留下风声鹤唳、草木皆兵的笑话。苻坚落到了姚苌的手上，变成臣子手中的囚徒。苻坚痛悔没听从王猛的遗言，最后被他在当亲王时从刑场救下的姚苌缢死了。被苻坚收留于危难之机的慕容垂尽取关东之地，杀死了他的庶长子苻丕。

淝水之战战略准备匮乏，战略上缺少主动权，排兵布阵有重大失误，单点作战，前锋失利，军队内部矛盾重重。作家柏杨说："苻坚这个大计划、大策略，像钢筋水泥的巨厦一样，还没有充分时间

空知勇锐不知兵，困兽孤军未可轻

凝固，就发生淝水之战的10级地震。1400年之后的拿破仑的莫斯科之战，一败之后，引起连续反应，帝国崩溃，皇帝被囚而死，情形相同。"

符坚的惨败，关键是败在"骄"字上。接连胜利，一片颂扬，符坚开始飘飘然起来，殿堂、皇宫以及车马服饰等，用珍珠、宝石、美玉装饰。他沉醉于游猎，常常旬日不归。更为严重的是，符坚过高地估计了自己的力量，过低地估计了东晋的力量，头脑膨胀，刚愎自用。在伐晋这个重大问题上，他的意见和几乎所有亲信大臣以及张夫人、太子符宏等都是相左的。他对王猛的遗言和众大臣的劝谏置之不理，坚持对东晋用兵。他高傲地说："今以吾之众，投鞭于江，足断其流，（东晋）有何险之足恃乎！"他不顾南北汉人的人心向背，不顾自己亲手种下的民族隐患，只看到手中的几十万大军的军事实力。这是其骄傲情绪的大暴露。唐代周昙总结其教训时说："空知勇锐不知兵，困兽孤军未可轻。安有长驱百馀万，身驰几旅欲先征。"

司马光曾经引用古人的话评论说："数战则民疲，数胜则主骄，以骄主御疲民，未有不亡者也。秦王坚似之矣。"在主骄民疲基础上做出进攻东晋的决策，使符坚一步步地陷入覆亡的泥潭中，不能自拔。

《汉书》称赞卫青遇到士大夫以礼相待，给小人施以恩惠。《宋书·刘义恭传》说：谦卑地对待士人，是圣贤的训诫；骄傲奢侈，是先哲摒弃的缺陷。豁达大度，是汉高祖的美德；猜忌狭隘，是魏武帝的忧患……举止言行，应深宜鉴此。

无论为人，还是从政，都不要骄傲自满，因为它会使人疏远你，或敬而远之，或避而躲之，使人感到你强硬固执和刚愎不仁。"傲慢自大是成功的流沙"，常常有人因此而导致事业的失败。

· 理政古鉴 ·
——从历史中汲取走向未来的智慧

■ 苻坚举国出西秦,东晋危如累卵晨。谁料此山诸草木,尽能排难化为人。

——〔唐〕胡曾

■ 对老虎的仁慈,就是对羊群的残忍。

—— 伊朗格言

为君之道，必须先存百姓

◎ 隋炀帝自恃才高，骄矜自用。他认为天下人可以听凭一己指使，用人不当，去贤用佞，实施暴政，滥用民力。结果政治危机四伏，各地起义风起云涌。他曾嘲笑陈叔宝过于昏庸，可他奢侈荒淫，"口诵尧、舜之言，而身为桀、纣之行"，最终饮下了自己酿的苦酒。当年曾问后庭花，痛哉隋亡亦似陈。

公元581年，杨坚取代北周建立了隋朝。到公元589年灭掉南朝最后一个政权——陈，结束了南北朝战乱纷繁的局面，全国统一。

隋炀帝杨广（569—618），隋朝第二代皇帝，隋文帝杨坚的次子。他即位前，好学善文，且很有作为。封晋王之后，曾统率大军攻灭江南陈朝，进位太尉。但他野心很大，又善于掩饰自己。他察言观色，投父母所好，很会笼络人心，假充老实人，骗父骗母骗臣民，先是诬陷哥哥杨勇，夺取了太子的位置，又在公元604年，害死了生病中的父亲杨坚，窃得了帝国的权杖。

隋文帝不仅嫉贪如仇，而且崇尚节俭，是历史上最节俭的皇帝之

理政古鉴
——从历史中汲取走向未来的智慧

一。隋文帝的皇后独孤氏,最憎恶男人亲近女色,对太子杨勇嫔妃众多很反感。有一天,文帝和皇后到杨广的晋王府,见府中乐器大多断弦,落了一层灰土,好像久未动用,侍女也不美(美妾娇婢全藏起),便以为杨广节俭,不喜声乐,不好女色,就更加宠爱他了。

还有一次,很会"作秀"的杨广随父皇打猎,碰上下雨,侍卫给他披雨衣,他故意不穿,一本正经地说:"士卒们都挨淋,我岂能忍心独穿雨衣!"父皇见此情景,心中陡然大悦。全体将士无不感动。

在隋军南下灭掉陈朝之后,杨广立即杀掉那些万民痛恨的大贪官,封存府库,一无所取,赢得了最高赞赏——"天下称贤"。

杨坚长子杨勇好学,擅长辞赋,为人宽仁和厚,没有心机,性情率直。杨坚即帝位后就立杨勇为太子。军国政事,都令杨勇参决。但杨坚和独孤皇后并不喜欢这个儿子,太子的地位发生了动摇。

杨广早就觊觎太子之位,便多次在母后(独孤皇后)面前撒娇卖乖,诉说自己如何对哥哥杨勇好,而哥哥却要谋害他。母后闻听此言,气愤至极,于是多次在隋文帝面前提出废除太子一事。

杨坚对太子的不满主要由于两件事:第一件事,有一次朝廷阅兵,杨勇在自己的铠甲上加了金银珠宝作为装饰。杨坚素尚节俭,为此而斥责杨勇:"从古帝王,好奢必亡,汝为储君,当先知俭约,方能奉承宗庙。"

第二件事,一年冬至节令,杨勇在太子宫接受百官的贺礼。按当时的规矩,太子不得和群臣来往,以避免干政的嫌疑。像杨勇这样大张旗鼓地接见群臣,场面甚是铺张,的确是太出格了。有人报知文帝,文帝责其越礼,脑海里马上浮现出一系列不祥的词:"勾结""攀附""政变""逼宫"。他知道，即使太子没有不臣之心，也难保没有小人，如同当初劝他夺北周帝位一样，觊觎皇帝的宝座。

杨广见太子失宠于父皇和母后，又笼络亲信党羽密谋，诬陷杨勇谋反。文帝信而削弱太子卫队，加强自己的卫队，以防太子夺位。公元600年，文帝下令把杨勇废为庶人。不久，杨广被立为皇太子，得到了梦寐以求的储君之位。

杨勇被囚于东宫，由杨广管制。杨勇多次要求面见文帝，陈述自己的意见，希望文帝能宽大自己，杨广不许。杨勇见不到隋文帝，便攀上树梢，大声呼叫，希望文帝听到能召见。隋文帝果然听见了，但他没有直接去见杨勇，而是询问杨素这是怎么回事。杨素乘机上奏诬陷说："杨勇神志昏乱，中了邪，不可救药了。"文帝也以为然，终不见杨勇。

文帝平时最宠爱的妃子陈夫人，在文帝卧病期间，衣不解带地陪伴、照顾文帝。没想到杨广是个伪君子，不知羞耻地想要玷污陈夫人。陈氏拼命反抗，逃到文帝身边。

文帝见爱妃衣衫不整，掩面哭泣，差点气死，用手敲着床大骂："这个该死的畜生，岂能托付国家大事？都是独孤皇后误我，白白地冤枉了我儿（指杨勇）！"卧病的文帝意识到了自己"废勇立广"的错误，内心充满了悔恨和对长子的思念。可惜被蒙蔽的隋文帝醒悟晚矣！

当天晚上，隋文帝暴亡，宫内外的人大惊失色，议论纷纷。隋文帝是杨广害死，还是气急攻心病故，没有人知道，他的死因成了一个历史之谜。

陈夫人闻讯，惊惶失色。傍晚，杨广派人送来一只小金盒，陈夫

· 理政古鉴 ·
——从历史中汲取走向未来的智慧

人以为是毒药，打开一看，竟是几枚同心结。陈夫人羞愤异常，当晚就被杨广奸淫。居丧期间，杨广又奸淫其父另一夫人蔡氏，并伪造隋文帝的遗诏，将杨勇绞死。

杨广从他父亲隋文帝手中接掌皇位时，全国的经济实力是比较强的。他开始也想有所作为，重建西域交通，修驰道，筑长城，开通大运河，对维护国家安全和改善交通运输条件是有积极作用的。他创建的科举制度也延续了近1300年。

杨广篡夺皇位后，凭借文帝攒下的基业，"负其富强之资，思逞无厌之欲"，骄奢淫逸，奢侈无度。他广选美女，充盈后宫。唐初太宗李世民曾两次放出隋宫女各三千人，可见隋炀帝选用美女之多。

首都长安本是隋文帝刚刚扩建的新城，周长70余里，规模空前，隋炀帝却嫌它不气派，下令重建东都洛阳，役使民力过度，苛政猛于虎，每月役使200万人，使得丁壮惨死四方，老弱倒毙沟壑，民不聊生。

隋炀帝三次巡游江都，从行之人常10余万，多者50万人，10万匹马。游扬州时，他与后妃乘坐超豪华巨型龙舟俨然如水上宫殿，随从者分乘各种名号彩船，总数5200余艘，首尾相接200余里，挽船民夫8万余人。

在运河两岸御道上，行进的护送骑兵多达20万！旌旗如林，遮蔽田野，灯火"照耀川陆"。沿途500里内的百姓遭了殃，都要进献山珍海味、佳肴美馔。官人们吃腻了，吃不了，就将许多剩余的山珍海味、珍馐佳肴全部倒掉。在江都，为了给隋炀帝长达10多公里的仪仗队搞装饰，仅工匠就多至10万人。

庞大的船队在运河上折腾了两个月，于当年10月到达江都。隋

• 为君之道，必须先存百姓 •

炀帝故地重游，欣喜若狂，他和嫔妃们住进华美的宫殿，日日出游，天天淫乐，说不尽的风流倜傥。

隋炀帝三次来江都，给江都百姓带来了巨大灾难：建造宫苑，人民穷于劳役；穷奢极欲，搜刮钱财，百姓苦于贡纳，弄得民怨四起……

"拒谏劳兵作祸基，穷奢极武向戎夷。"隋炀帝三次发动对高句丽的战争，数百万人疲于奔命，都没取得实质性效果。如此横征暴敛，加上严刑酷法，无数百姓被折磨惨死，搞得百姓怨声载道。

隋炀帝听不得任何反对意见，恃才自负，导致用人不当，去贤用佞。隋炀帝自认为才能比任何人都高，对纷纷劝谏的开国元勋高颎、重要将领贺若弼、文武干才宇文弼等人，扣上"诽谤朝政"的罪名，全部处死；重用了郭衍、虞世基、宇文化及等奸佞之徒。

在这样的统治下，民不聊生。公元611年，王薄发动起义，天下闻风响应。613年，大贵族杨素之子杨玄感乘机起兵，欲夺隋朝江山。面对大厦将倾的危险局势，炀帝"穷治杨党"，屠杀三万，流放六千，连当年领过杨军救济粮的百姓也都被活埋了。大屠杀激起了更强烈的反抗，连和尚、道士、官僚贵族也都加入起义了大军。

后来，隋炀帝众叛亲离。他的亲信卫士在右屯卫大将军宇文化及的煽动下，冲进江都宫，用一根丝带勒死了炀帝。可怜的萧后只用床板做了个小棺材，草草埋葬了这位风流天子，其终年50岁。隋朝经历38年时间，也是两世而亡。

· 理政古鉴 ·
——从历史中汲取走向未来的智慧

【评 点】

隋文帝杨坚（541—604），曾是一个有作为的人。即位前，他好学善著，朝野对其口碑较好。他先后派兵攻灭后梁、陈，结束了南北朝长期分裂的局面，再一次统一了中国，在位共23年。

隋文帝果断地进行了一系列改革，如创建科举制度，建三省六部制，实行赋税改革和加强文化教育，政治、经济、军事、文化等各方面均有所发展，人口显著增加，衣食逐渐富足，国力日渐强盛，社会安定，兵甲强盛。隋王朝政权稳固，四方臣服，使中国又回到了和平年代，史称"开皇之治"。《隋书·高祖纪》对他的政治功绩作了充分的肯定。

隋朝为什么在"兵甲强盛""风行万里"的局面下，很快酿成大乱，两世而亡？史称，隋文帝多猜疑，少学术，精于小事而惑于大局，以致"忠臣义士莫得尽心竭辞"，甚至陷于"听哲妇之言，惑邪臣之说"的地步。《隋书·高祖纪下》在总结隋朝灭亡的教训时认为："迹其衰怠之源，稽其乱亡之兆，起自高祖，成于炀帝，所由来远矣，非一朝一夕。"

毛泽东读到《隋书》所记隋文帝"天性沉猜，素无学术，好为小数，不达大体"等语时，断然写下了"蕴藏大乱"四字评语。

杨坚打下了江山，创造了"开皇之治"，若能知人善任，兼听群言，隋朝何至于来去匆匆，昙花一现？导致隋朝短命的最根本原因，在于隋文帝在关键时刻用错了人，用错了人的原因在于他并不知人。他最信任的大臣杨素却是一个专门察言观色、揣摸心思、见风使舵的虚伪小人。杨广聪明能干，但心术不正，品质低劣而极富野心。每逢父皇

为君之道，必须先存百姓

驾临，他的王府内便一派昏暗萧索气象。粗茶淡饭，婢仆丑陋，乐器上尘灰深积；他外出打猎遇雨，谢绝侍从送上的雨衣：士兵都在淋雨，我何忍独避？极尽伪装之能事。为了抢夺太子位，他厚赂权臣杨素，费尽心机，设置各种烟幕和陷阱，终于使杨坚废杨勇而改立。

隋文帝不谙于识人，不辨忠奸，错误地选择了次子杨广为接班人，想不到杨广竟然是一个奸诈残暴的人，致使锦绣江山被杨广断送，自己死于逆子之手，爱妃被杨广调戏，无辜的百姓也受到屠戮。

隋炀帝杨广自幼受到父母的溺爱与放纵，以致养成骄奢淫逸的恶习。杨广天资聪明，13岁时被封为晋王，拜为上柱国、并州总管，显赫的政治地位让他有独特的优越感和自信心。特别是在平陈时，杨广立下赫赫战功，"昆弟之中，独著声绩"，这使得父母对他疼爱有加，也助长了他的雄心壮志。事业的一帆风顺特别是夺嫡的成功，助长了他的傲气。

为政者最不可缺少的是仁德，即便集英俊潇洒、文采风流、能言善辩诸优点于一身，如果没有好的德行，则不仅殃及自身，也必会祸及国家。杨广"美姿仪，少敏慧"，"好学，善属文"，惜乎杨广靠阴谋诡计起家，靠政变上台，踏着父亲的尸体登上皇位。隋炀帝不像别的天子那样"坐天下"，而是"走天下"，在位14年几乎是马不停蹄地巡游。他不像秦始皇、汉武帝巡游兼有巡视疆土、体察民情和炫耀皇威等多种目的，他的主要目的是游山玩水，而且在巡游的排场、奢华和铺张上，几乎是"空前绝后"的。

隋炀帝认为天下人可以听凭一己指使，为了满足自己的贪欲，不惜穷尽民力，荒淫奢靡，纵情声色；众贪官狼狈为奸，助纣为虐，一起榨取和挥霍民脂民膏，滥杀无辜。他有才无德，好大喜功，穷奢极欲，实施暴政，横征暴敛，使社会矛盾激化，政治危机四伏，民怨沸腾，其结局也必定是众叛亲离，身死国灭。"罄南山之竹，书罪未穷；决东海之波，流恶难尽。"隋末农民起义军声讨隋炀帝的檄文如是说。

隋炀帝曾嘲笑陈叔宝过于昏庸，可他奢侈荒淫，"口诵尧、舜之言，而身为桀、纣之行"，最终饮下了自己酿的苦酒，付出了惨重的代价。他当上皇帝后的第12年，在反隋大军的逼迫下，逃到江都（今扬州）。又过了两年，他的部下发动政变，杀死了他，隋朝至此灭亡。

唐太宗李世民亲身经历了推翻隋炀帝统治的隋末反隋大起义，身经百战，削平各路豪杰。唐太宗夺取帝位后，经常与群臣一起总结隋朝灭亡的教训，以避免刚刚建立的大唐王朝重蹈隋朝的覆辙。唐太宗认为，隋朝的灭亡，主要是隋炀帝穷奢极欲、骄矜残暴、穷兵黩武而造成的。因此，唐太宗以隋炀帝为镜子，时刻提醒自己，戒奢戒骄，居安思危，励精图治。

他曾多次教诲子孙："皇帝如舟，百姓如水；水能载舟，亦能覆舟。""为君之道，必须先存百姓，若损百姓以奉其身，犹割股以啖腹，腹饱而身毙。"他清醒地认识到政权能否稳固乃系之于人心向背。

李世民以隋亡为教训，以"安人宁国"为总方针，一方面采取一系列与民休息、不夺农时、轻徭薄赋、少兴土木、慎动兵戈的让步与改革的政策；另一方面则擢用贤能、求谏纳谏、重视法制、整饬吏治、力戒奢靡，使朝野上下形成一种以隋亡为戒的勤谨为政、清廉自律的风气。

袁刚著《隋炀帝传》，力陈隋炀帝并非荒淫的昏君，但确是好大

• 为君之道，必须先存百姓 •

喜功的暴君。他根据才、德及其组合的不同，将古代皇帝分为四类：有才有德者可称为明君（或圣君），有才无德者可称为暴君，有德无才者为庸君，无才无德者为昏君；同时强调皇帝的德和才必须与民族、国家的利益以及人民的生存权相结合。据此，他认为隋炀帝好大喜功，为创不世功业而大兴工役，虐用民力，不尊重子民最起码的生存权，以苛政、急政形成一系列的大规模暴政，是千古暴君。

■ 盘龙楼舰浮冤水，雕锦帆幢使乱风。

——［唐］鲍溶

■ 奢侈，总是跟随着淫乱；淫乱，总是跟随着奢侈。

——［法国］孟德斯鸠

忘恩负义本卑鄙，农夫和蛇当借鉴

◎ 宋之问逃归洛阳后，不但不感激有恩的张仲之、王同皎，而且脸厚心黑，过河拆桥，演绎了农夫和蛇的故事，无耻到了禽兽不如的地步，最后被下诏赐死。

唐代有个宋之问，容貌俊美，既有文才又有口才，与沈佺期齐名，并称"沈宋"。20岁左右，便与著名诗人杨炯一同供职于洛阳皇宫习艺馆。

有一次，武则天带一帮大臣去龙门出游，途中命随行臣子赋诗助兴，听后觉得宋之问赋的诗最好，将原本赏赐给左史东方虬的锦袍改赐给他。

然而，宋之问的人品不怎么好。张易之、张昌宗兄弟俩乃女皇的男宠。宋之问便极力巴结"二张"，替他们代笔作诗、写文章，为张易之捧尿壶。身为大臣的宋之问不顾礼义廉耻，令朝野上下为之侧目。

705年，宰相张柬之发动宫廷政变，拥武则天第三个儿子李显即帝位，是为唐中宗，张易之兄弟伏法被诛，宋之问被贬到岭南的泷州。

• 忘恩负义本卑鄙，农夫和蛇当借鉴 •

宋之问在泷州过了一段苦日子，逃归洛阳，可怜兮兮地躲在朋友张仲之家里，惶惶如丧家之犬。有一天，宋之问偶尔听到恩公张仲之与驸马都尉王同皎斥骂权奸武三思。他俩也没有避着宋之问，觉得宋之问不会忘恩负义。没想到，宋之问偷偷派侄儿向武三思告发，导致张、王被斩杀。宋之问卖友求荣，告密有功，得以升官，被封为鸿胪丞。

宋之问不满足于武三思这一靠山，又极尽见风转舵、趋炎附势之能事。他先是投靠太平公主，得以提升为考功员外郎。后来看到安乐公主权势更大，又投靠安乐。太平、安乐"各树朋党，更相谮毁"，宋之问则"脚踏两只船"。为此，太平公主非常恼火。

一次，唐中宗打算提拔宋之问为中书舍人（为皇帝起草机要文件的重要官员）。太平公主得知后，马上揭发他曾经在主持科举考试时接受贿赂一事。结果宋之问不仅没有得到升迁，反倒被贬为越州长史。

中宗的侄儿李隆基拥立唐睿宗继位后，太平公主权力更大，将名声很臭的宋之问流放到钦州，后来又赐给他一壶毒酒。可惜宋之问有才气没骨气，攀附权臣，走上自甘堕落的不归之路。

【评 点】

拍马屁、阿谀是"人性"的失落，是一种"伪币"，它常常在喜欢这种"伪币"的人中流通。过分恭维，善于拍马屁，是缺乏骨气的表现。曾经有人问马克思：你最厌恶的缺点是什么？马克思回答：逢迎。培根有句箴言："过分恭维别人，等于贱卖自己的人格。"

在官场上，有的人奴性十足，骨子里看重的是官本位，谁最有用、最"好使",就投向谁,见风转舵,投机弄权,无视礼义廉耻,暴露出丑陋的真面目。

　　宋之问气宇轩昂,很有才华,却没有骨气,人格卑劣,喜欢钻营,攀附权贵。上元二年(675),宋之问中了进士,年仅20岁。武则天掌管朝政后,敕召宋之问入阁,他也由此开启了自己的官路人生。据史料记载,宋之问早就想进入武则天的幕府,他对自己的容貌底气十足,希冀能成为武则天的男宠。但宋之问的热情,遭到了武则天的婉拒。他有口臭,这一点让武则天与他保持了距离。

　　攀附权贵需要投入。为了得到主子的庇护和赏赐,宋之问出卖自己的人格,摇尾乞怜,摧眉折腰,见风转舵。太平公主弄权,他媚事太平公主;武三思主事,他投靠武三思;安乐公主得意,他依附安乐公主……为了巴结张易之,宋之问替他写了大量露骨的艳诗,甚至每天天不亮就去给张易之倒夜壶。这件事当时在京城传得满城风雨,令朝野上下为之侧目。后来,张柬之发动宫廷政变,张易之被斩首,宋之问被贬到岭南做地方官。

　　"拍马屁""阿谀""谄媚",是卑鄙的行为。卑鄙小人总是忘恩负义的,忘恩负义原本就是卑鄙的一部分(法国雨果)。宋之问逃回洛阳后,不感激有恩于己的张仲之、王同皎,反而脸厚心黑,过河拆桥,演绎了农夫和蛇的故事,无耻到了禽兽不如的地步,最后被下诏赐死,结束了"狗彘不若,毒如蛇蝎"的一生。

　　现实生活中忘恩负义的人,被称为"白眼狼",也是屡见不鲜,其恶劣行为让人寒心。2004年10月,重庆一辆大巴因事故落入水中,路过的农民金有树救出了19人。当他身患绝症时,他曾救助的那些人,

• 忘恩负义本卑鄙，农夫和蛇当借鉴 •

却没有一个站出来帮助他。沈阳市 17 岁的韩磊为救落水青年而牺牲，获救者被救后再没现身，连一句感谢的话语都没有。

即使自己职位提升了，也不能怠慢、冷漠昔日帮助过你的人。别人有恩于你，切不可忘记，要设法给予回报。

一个不懂得感恩的人，一个忘恩负义的人，不可能体谅、关心、帮助他人，更谈不上爱父母、爱同志、爱集体、爱祖国，谁愿意与这样的人为伍呢？

■ 卑鄙小人总是忘恩负义的，忘恩负义原本就是卑鄙的一部分。

——［法国］雨果

■ 那些忘恩的人，落在困难之中，是不能得救的。

——［古希腊］伊索

居安思危忧天下，常出诤语重千金

◎ 魏徵（580—643），字玄成，祖籍巨鹿下曲阳（今河北晋州西），一说馆陶（今河北馆陶）人，唐代初期卓越的政治家。他的青少年时代是在隋朝度过的。《旧唐书》在《魏徵传》的开头说他："好读书，多所通涉，见天下渐乱，尤属意纵横之说。"

魏徵出身于书香世家，他的父亲魏长贤就是一位博学多才的人，曾经出仕隋朝，做过地方官，但年纪不大就去世了。当时，魏徵还很年轻，家庭生活十分清贫，但魏徵胸怀大志，读了很多书，希望将来干一番事业。当时正逢乱世，时局的动荡加重了其实现志向的艰难。

魏徵曾出家当道士，辗转奔波之后，38岁参加李密的瓦岗军。他在军中没有发言权，但还是主动进谏：挖深沟筑高垒，以待敌军粮尽撤兵，而后追击敌兵以获全胜。可惜未被采纳。决定速战的李密惨遭失败，瓦岗军随之覆灭了。

魏徵随李密残部投奔李渊，频呈高论，却长期不被重用。太子李建成闻其颇有才华，引用其为东宫僚属，这个职位对魏徵仍属大材小用。魏徵并不气馁，仍以高见进谏。他建议太子果断处死弟弟李世民，无奈太子优柔寡断，为其弟所败。

李世民先发制人，发动了血染萧墙的玄武门之变后，执掌权柄。昔日的仇敌、李建成的亲信魏徵成了阶下囚。李世民知道魏徵既是李建成的心腹，又非等闲人物，就立刻召见了他，质问他说："你为什么要挑拨我们兄弟之间的关系？！"左右的大臣都替魏徵捏把汗。魏徵已做好了死的准备，慷慨自若，没有巧言机辩，从容不迫地据理回答："人各为其主。太子早听我的劝告，肯定不会落到今天这样的下场。我忠于李建成，是没有什么错的！管仲不是还射中过齐桓公的带钩吗？"面对作为胜利者出现的李世民，魏徵居然连一点儿悔过的表示都没有！

李世民毕竟不是胸襟狭窄之人，向来看重魏徵出众的才华，见魏徵果然威武不屈，便收敛了怒容；听他说得既坦率又有理，尤其他举出了管仲射小白的历史故事，自己更不能显得连齐桓公小白重用仇人管仲的气度都没有，就赦免了他，并以礼相待，封他做詹事主簿，掌管太子文书。

面对李世民的盛气凌人，背负原罪的魏徵只好拿出自己曾下过功夫的"纵横之说"来应对：似狂傲，却是唯一的活路。他如果忏悔或者自我贬低，反而会让李世民满怀厌恶地将他杀掉。于是他反其道而行之，标榜自己有先见之明，同时又巧妙地道出了李建成不听良言、自己怀才不遇的基本事实，衬托李世民胜利的必然，因而瞬间就化解了杀机，赢得了主动。

后来，魏徵不断升迁，官至宰相。魏徵由于敢于直言进谏，敢于

· 理政古鉴 ·
——从历史中汲取走向未来的智慧

因势利导改革政治，成为大唐王朝的主要决策人物之一，促成了唐朝鼎盛时期的"贞观之治"。

　　太子李建成、齐王李元吉被杀不久，李世民宣布大赦：玄武门之变之前，与已故的太子和齐王有关系的人，一律无罪，一概不究。但是，那些人还心怀惶惑。李世民采纳了魏徵的建议，派魏徵去河北一带安抚。

　　半路上魏徵恰巧遇到州县官员押送李建成和李元吉的两个旧部下来京城。魏徵很为难，拦阻吧，怕人家说自己包庇这些人；不拦阻吧，太子的命令怎样执行？副手建议魏徵写奏章送往朝廷。魏徵认为那样时间太久，就对副手说："如果不赦免这两个人，我们讲得再好，有谁相信？我不能为了避免嫌疑就不替国家考虑！"说完，就命令把这两个人释放了，并写了证明材料让军官拿回交差。这件事一传开，那些惶惑的人立即安下心来。魏徵回到京城，李世民夸他做事能以国家为重。

　　由于长期战争，兵源减少，唐太宗李世民把征兵要求由18岁到21岁的男子，改为不满18岁的个头高大的男子也可以征集。诏书却被魏徵扣住不发。唐太宗催了几次，魏徵还是扣住不发。太宗大发雷霆，派人把魏徵叫来，训斥道："那些个头高大的男子，自己说不到18岁，其实可能是故意隐瞒年龄，逃避征兵。我已发布诏书，你为什么扣住？"

　　魏徵镇静地说："臣听说竭泽而渔，就无鱼可捕了。陛下将身强力壮、不到18岁的男子征来当兵，以后还从哪里征兵呢？国家租税杂役，又由谁来负担呢？陛下征兵时怀疑百姓作假，这能算讲信用吗？"又说："陛下即位时下诏，一律免除以前拖欠国家的税负，可是官吏们照样催缴；如今已交了租赋的，又被征去当兵，这不是失信于民吗？"

唐太宗听了哑口无言，承认自己错了，撤销了这道诏书。从此，唐太宗更加信任魏徵了，提升他担任太子太师的官职。

有一次，唐太宗问魏徵："历史上的国君，为什么有的明智，有的昏庸？"魏徵就给他讲了隋朝虞世基的故事。虞世基专门投隋炀帝之所好，专说顺话，不讲逆耳之言；专报喜，不报忧，结果隋朝灭亡。由此，魏徵得出了一个著名的结论：兼听则明，偏信则暗。如果偏听偏信，非危即亡。还列举了历史上尧、舜等贤君和秦二世、梁武帝、隋炀帝等昏君的事例。他说："治理天下的君王，如果能够采纳来自下面的意见，那下情就会上达，君王就不会受蒙蔽了！"

在使用人才方面，魏徵也颇有真知灼见。他对唐太宗说："在天下未定之时，用人标准是看他有无才能，不去考虑其品德操行如何；天下平定以后，在选择人才上，非德才兼备不可。"

在魏徵的影响下，唐太宗"内举不避亲，外举不避仇"。有一次，他还主动对魏徵说："选择任用官吏，是不能轻率马虎的。用了一个君子，君子就会纷纷而来；如果用了一个小人，小人也就会钻营投奔而来。"

魏徵还经常劝谏唐太宗：处在安乐的环境中，要时刻想到危险的日子，要自始至终地保持兢兢业业的治国态度。他多次提示太宗吸取宝贵的经验，不忘有益的教训，多想己过，多行仁善，少留恶迹。

明君兼听，昏君偏信。贞观六年（632），天下太平，连年丰收，一些朝臣怂恿奏请唐太宗前往泰山举行封禅大典，祭礼天地，以显耀

理政古鉴
——从历史中汲取走向未来的智慧

自己的文治武功。唯独魏徵认为不可，上书说："皇上功劳虽然很大，但百姓受益还不多；国家百废待兴，百姓还不富裕，况且东封泰山需要耗费大量人力物力，劳民伤财啊！"太宗想到隋朝灭亡的历史教训，就接受了魏徵的建议，停止封禅。

尤其在个人享乐方面，魏徵严格监督唐太宗，经常犯颜直谏。有一次，唐太宗想去南山游玩打猎，车马都准备好了，最后还是没敢去。魏徵外出回来，听说了这件事，就问他为什么没有出去。唐太宗说："我起初是想去打猎，可后来一想，怕你责备，也就不敢出去了。"

有一天，太宗批奏折批累了，就将新得到的一只鹞鹰放在手臂上玩赏，很是得意。不料，魏徵从门外大步走来。太宗知道作为一个皇帝玩鸟不是什么正事，怕受魏徵责怪，赶忙将鹞鹰藏在怀中。魏徵故意奏事很久，又谈及古代帝王贪图逸乐之事，暗示帝王不可玩物丧志。太宗自知理亏，没有打断。好不容易等到魏徵离去，鹞鹰已闷死在怀中。

一次，太宗因魏徵提意见，很生气。贤惠的长孙皇后得知后说："我跟陛下结发为夫妻，情深义重，说话也往往看您的脸色，不敢冒犯威严。魏徵是个臣子，敢犯颜直谏，真是了不起啊！能听逆耳之言，国家就安宁；堵塞了言路，国家就会出乱子。陛下如能多听听人家魏徵这样的人的意见，那真是国家之幸啊！"

长孙皇后是一位贤淑温良的女子，常劝太宗多纳忠谏、少听谗言，近贤臣、远小人。这也是魏徵之幸，国家之幸。

贞观中期以后，唐朝经济繁荣，政治也很安定，朝廷大臣们尽力歌颂太平盛世。魏徵不忘过去的艰苦，看到唐太宗逐渐怠惰，懒于政事，追求奢靡，便奏上著名的《十渐不克终疏》，列举了唐太宗执政初到

· 居安思危忧天下，常出诤语重千金 ·

当前为政态度的十个变化，希望他警惕，保持贞观初年的好作风。

唐太宗把这个奏章写在屏风上，早晚阅读，引为借鉴。他对魏徵说："我现在知道我的过错了，愿意改正。否则，我还有什么脸面和你相见呢？"

唐太宗尽管有时恼恨魏徵不留情面，却很赏识他的一生忠诚。后来，太宗不但不记恨魏徵，反而夸奖魏徵："人家都说魏徵举止粗鲁，我看这正是他的妩媚可爱之处呢！"

严格的自律，是一个需要坚强意志的长期作为，甚至是一个痛苦的历程。魏徵常自以为不是李唐王朝的开国功臣，"徒以辩说"进入决策阶层，"深惧满盈"，多次上书借口"目疾"，要求辞职。

太宗挽留魏徵说："你看那金矿，有什么贵重的呢？只有经过好的工匠冶炼锻造，锤打成器，人们才珍爱啊。朕自比作金矿，把你比作良工巧匠。虽然你有病，但还没有衰老，怎么能这样离开朝廷呢？"

魏徵年老病重，太宗送医送药，使者相望于道路，来往不绝。太宗还曾将衡山公主许配给他的儿子魏叔玉（后取消）。

贞观十七年（643），魏徵病危。唐太宗亲自去魏府探视。但见赫赫宰相府，竟是平常的一片宅第，连接待宾客的厅也没有。太宗感慨万端，问魏徵有什么要求。魏徵说，什么要求也没有，只担心国家的兴亡。

魏徵病逝时，太宗亲临恸哭，废朝五日，叹惜曰："以铜为镜，可以整理衣冠；以古为镜，可以懂得兴衰更替的道理；以人为镜，可以知道自己的得失。我经常保有这三面镜子，以防出错。现在魏徵去世了，我少了一面镜子！"说罢哭泣不止。

· 理政古鉴 ·
——从历史中汲取走向未来的智慧

太宗望着魏徵画像思绪万千,遂曰:"劲条逢霜摧美质,台星失位夭良臣。唯当掩泣云台上,空对余形无复人。"表达他痛失"明镜"的哀伤。

魏徵死后,太宗"给羽葆、鼓吹、班剑四十人,陪葬昭陵"。其妻裴氏婉言推辞:"徵素俭约,今假一品礼,仪物褒大,非徵志。"因此,魏徵的葬礼十分简朴:"乃用素车,白布幨帷,无涂车、刍灵。"

魏徵死后,家人发现了一份他没有写完的遗稿,深刻阐述了如何用人的真知灼见:要毫不猜忌地任用贤能的人,国家就会兴盛;任用坏人,国家就衰败,要毫不迟疑地除掉邪恶的人……魏徵被后世政治家、历史学家赞誉为"千秋金鉴"。

魏徵去世的第二年,唐太宗远征高句丽,劳民伤财,损失惨重。回来时,唐太宗想起了魏徵,十分感叹地说:"假如魏徵在世,他一定不会让我有这番举动的!"

【评 点】

唐朝是李渊在隋末大混战中击败各方势力,于公元618年建立的。李渊及其次子李世民,是唐朝第一代和第二代皇帝,他们共同缔造了唐王朝。公元628年,唐太宗李世民统一全国。唐朝共历21帝,亡于公元907年,享国289年。唐朝是中国封建社会的鼎盛时期,在政治、经济、文化等方面都取得了辉煌的成就。

"贞观之治"在历史的苍穹中熠熠闪光。唐太宗认为,贞观之治之形成,魏徵起了最主要的作用。在魏徵的身上,融中国古代传统的美好人性——智、仁、勇为一体。

居安思危忧天下，常出诤语重千金

瓦岗难得见识深，播雨亦滋玄武门。

幸有山河扶正气，常出诤语重千金。

居安思危忧天下，挡驾封禅为庶民。

一谏可抵十万军，三朝元老尽美名。

（一谏可抵十万军：贞观元年，唐太宗听许多州郡说岭南酋长冯盎图谋反叛朝廷，下诏十万大军征讨。魏徵进谏说冯盎不是谋反，派一使臣安抚即可，结果成功。）

魏徵敢于直抒胸臆，坚持自己的观点和主张，以自己的本色来展现自己的人生价值，辅佐唐太宗成就了历史上的"贞观之治"。魏徵历事诸主，心中有个准则：上安君国，下报黎民。他先事元宝藏，后事李密，再降李渊，又投入窦建德军中，继而被皇太子李建成召为洗马，最后被唐太宗李世民重用，他不一味地愚忠，又不见风转舵、投机取巧，从不苟且偷安、沽名钓誉、朝秦暮楚。如果用"忠"字来概括他的前朝经历，他是"大忠"，而不是"小忠"。

魏徵劝谏的内容从长治久安的军国大计，到皇帝个人的起居生活，涉及许多方面，对唐太宗及唐朝贞观年间的政治产生了很大的影响。"水能载舟，亦能覆舟""兼听则明，偏信则暗"，许多关于治国理政的箴言妙语，都出自魏徵之口，至今仍然振聋发聩，令人深省。

魏徵本为太子李建成的僚属，而唐太宗却不计前嫌，即位不久，就提升魏徵为谏议大夫（职责是专门向皇帝提意见），允许他直接询问政事得失，表现了对魏徵才能的认可和对他本人的信任与尊重。后来唐太宗又把他提升为尚书左丞，他便能随侍左右，时时处处提醒规劝皇帝了。唐太宗和魏徵彼此都深感遇到了知音，两人在国家大事、要事上总能协商，通力合作。魏徵总能说出太宗的心思。

唐太宗是中国历史上最有成就的明君之一，其"明"的重要原因在于任用贤能，任命房玄龄、杜如晦等德才兼备之人出任宰相。同时，善于纳谏，虚心接受以魏徵为代表的大臣对自己提出的意见。唐太宗多次在大宴群臣时说，自己定天下，是房玄龄之功，而治天下，则多仰魏徵。

由此观之，倘若没有唐太宗，就没有魏徵；如果没有魏徵，也就难有唐太宗，难有贞观之治了。魏徵曾说："陛下导臣使言，臣所以敢言。若陛下不受臣言，臣亦何敢犯龙鳞，触忌讳也？"在当时"溥天之下，莫非王土；率土之滨，莫非王臣"的封建集权制度下，"一言九鼎"、至高无上的皇帝，对上至重臣下至县令的直谏，竟然从容纳谏，并对进谏的大臣加以重赏，这是多么难能可贵。

■ 忠诚所感金石开，勉建功名垂竹帛。

——［宋］陆游

■ 具有丰富的知识和经验的人，比只有一种知识和经验的人更容易产生新的联想和独到的见解。

——［英国］泰勒

阴阳神变皆可测，不测人间笑是瞋

◎ "笑里藏刀"这个成语，是形容唐朝宰相李义府的：平时装出一副温和、恭顺的样子，内心却嫉贤妒能，一肚子坏主意，暗藏杀机，时常下绊子，用软刀子杀人，人们都说他是"笑里藏刀"。他先后陷害了褚遂良、韩瑗、长孙无忌等元老宰臣。

李义府（614—666），出身寒微，容貌俊秀，自幼乖觉伶俐，8岁时名扬乡里。李义府21岁因文才出众，被推荐至长安，后获御史马周赏识和力荐，随侍晋王李治。

一日，唐太宗在上林苑宴请众臣，李义府随马周入席。唐太宗以皇家园林里的鸟为题，欲试众人才情。他话音才落，李义府马上吟道："日里飏朝彩，琴中伴夜啼。上林如许树，不借一枝栖。"唐太宗欣赏他的文才，使他在仕途上一路飙升，直至监察御史。

唐高宗想立武昭仪为皇后，遭到长孙无忌等老臣的强烈反对，但是李义府第一个跳出来力挺，为立武为后打头阵。马屁拍到高宗心坎上，李义府又攀上一根高枝，遂被任命为中书侍郎。

理政古鉴
——从历史中汲取走向未来的智慧

李义府表面一本正经，其实私心很重，贪恋美色。656年，李义府看中了狱中的美貌女犯淳于氏，色心大动，当即指使大理寺丞毕正义枉法将她释放，准备收作妾室。不料毕正义居然走漏了风声，事情败露。高宗派人审问此事，李义府逼迫毕正义自杀以灭口，死无对证，李义府逍遥法外。

后来，御史王义方上奏高宗，指控李义府是此案主谋，揭露了李的许多秽行，因为过于气愤，言辞有些过激，惹恼了高宗。高宗偏袒李义府，反而把王义方贬逐出京。李义府还特意给他送行，幸灾乐祸地问王义方："王御史居然想扳倒我，捏造事实，对我诬陷，你觉得惭愧不？"王义方大义凛然回答道："孔子做鲁国司寇七天，就诛了少正卯；我当御史十六天，却不能告倒你这奸贼，确实觉得心中有愧啊！"

李义府本无识人用人之才，仗着武后的权势，"专以卖官为事"。与他的母亲、妻子、儿子、女婿，大搞卖官鬻爵、贪赃受贿的"一条龙"。他联络一帮小人，"广树朋党"，"入则诡言自媚，出则肆其奸宄"。久而久之李义府根本不把诸大臣放在眼里，甚至连皇帝都敢顶撞。

李义府改葬祖父，好些地方官拍他的马屁，征召人夫、车、牛载土筑坟，昼夜不息。其中有个高陵县令张敬业，干得太卖力，竟然累死在工地上。李的祖父改葬之日文武百官争相送礼，各种器具、用品都极尽奢靡，车马、供帐摆了七十里。

高宗听到了他的一些劣迹，就好意劝他说："听说你的儿子、女婿行事都不谨慎，干了不少龌龊事，如今沸沸扬扬，朕都给你当了好多次保护伞了，爱卿你要多劝诫管束他们啊。"

• 阴阳神变皆可测，不测人间笑是瞋 •

结果李义府不但不叩谢皇恩，反而怒目圆睁，声色俱厉地质问皇上："是谁告诉陛下的？"高宗道："我说的只要是事实，你何必问我是怎么知道的呢？"李义府对天子没说任何知罪自责和感谢的话，气哼哼地拂袖而去。

多行不义必自毙。有一天，李义府找术士杜元纪来望气。杜说："你家的府第有狱气，要拿出二千万钱消灾。"李义府心中有鬼，听信此言，利用母亲去世和修祖墓之机，更加疯狂地敛财。

有一天晚上，他与杜元纪偷偷跑到城墙上，观望云气。有人发现后，就告发他"窥觇灾眚，阴怀异图"，高宗勃然大怒。司刑太常伯刘祥道等人负责审理，又查出许多罪证来，于是高宗下诏，给李义府定了卖官、渎职、结交术士、轻慢哀礼等罪名，把李义府和他的儿子、女婿等四人流放到巂州等地。

过了两年，高宗改元乾封，大赦天下，李义府赶紧写了一首《在巂州遥叙封禅》献上。诗写得很卖力，辞藻富丽、音韵铿锵，但没产生效果。因为赦令规定：长期流放者不在其内。这一年，李义府忧郁而死，卒年仅53岁。

【评　点】

历代的权臣或是君上与臣下之间的桥梁，或是横截在这二者之间的高墙，有的甚至挟天子以令诸侯，成为国家实际的执政者。

李义府是唐高宗时的大臣，他的扶摇直上，当上初唐宰相，只是因为他在当时权势派系角逐中窥测准了方向，以攻为守，幸运地成了胜利的宠儿。

· 理政古鉴 ·
——从历史中汲取走向未来的智慧

李义府相貌俊美，善于伪装，跟人说话谦恭和蔼，脸上总是挂着微笑（貌状温恭，与人语必嬉怡微笑），可算是阴柔人物中的翘楚。但他内里却是"鬼心肠"，极为"腹黑"，"入则谄言自媚，出则肆其奸宄"，动辄整人害人，最拿手的绝招便是温柔一笑，劈头一刀，时人骂为"笑中刀"。

培根说："恶人总是恶人，恶人假充圣人，反而更加邪恶。"白居易诗云："海底鱼兮天上鸟，高可射兮深可钓。唯有人心相对时，咫尺之间不能料。君不见李义府之辈笑欣欣，笑中有刀潜杀人！阴阳神变皆可测，不测人间笑是瞋。"

李义府久居相位，是唐代历史上第一个大贪官。他本人卖官，而且他的三子一婿，全都参加卖官活动。其目的是捞钱，为了"多引腹心，广树朋党"。

古人云："贪蛇勇行，必忘其尾。"李义府升任中书令，权令智昏，全家齐上阵，大搞卖官鬻爵的"一条龙"，一味"勇行"，"只恨聚无多"，确实忘记了身后的退路。李义府改葬祖父，大修祖墓，十分豪阔、排场。武后看他这样下去必险象环生，劝他："你这样不体恤民力，实为自掘坟墓之举呀，一旦事发，我也无力保你。"高宗也劝他"不要老这样干"。李义府连皇上也不放在眼里，勃然变色，到头来被长期流放，愤愤而死。祸国殃民的奸臣得到了应有的下场。

曾经在中国当代历史上红极一时的大奸康生，具有炉火纯青的伪装术，极善于蒙蔽他人，表面是人，背后是鬼，靠着投机迎合，靠着制造冤假错案，屡屡兴风作浪，步步高升。康生就是当代的"庆父"。1980年10月，康生被中共中央开除党籍，还了他叛徒、内奸的本来

• 阴阳神变皆可测，不测人间笑是瞋 •

面目。历史的诸多教训值得深思，决不可被虚伪之人表面现象所迷惑而丧失警惕。

■ 作德，心逸日休；作伪，心劳日拙。

——《尚书》

■ 伪善是一种投资，魔鬼要来偿还的。

——〔法国〕雨果

知人必须辨其意,识人必须察其行

◎ 开元盛世,一位被称为"解语之花"的红粉知己,使历史上多了一位爱江山更爱美人的帝王,同时也终止了他的英雄生涯。李隆基在晚年志满意骄,渐衰忧勤之心,怠于政事,高居无为,奢靡日甚,疏贤亲佞,重用奸臣,坏了大事。正是:盛也玄宗,衰也玄宗。

唐玄宗李隆基,史称唐明皇,公元712—755年在位。少年和青年时代,经历了错综复杂的宫廷变故,学到了不少东西。武则天很喜欢这个年小志高、聪睿英武的小孙子。

武则天死后,由李隆基的叔父李显继位(唐中宗),这个皇帝是个窝囊废,受制于皇后韦氏和女儿安乐公主。皇后韦氏是个心狠手辣而权力欲极强的女人。她自从当上皇后,一切都效仿武则天,处处干预朝政。后来她又与女儿安乐公主合谋毒死中宗,然后执掌了朝政大权,开始拉帮结党,排除异己,想要做第二个女皇。李隆基目睹韦后的暴虐行径,义愤填膺,与姑姑太平公主联手,发动御林军,铲除韦皇后一派,拥立父亲李旦复位,李隆基也因功被立为太子。

• 知人必须辨其意，识人必须察其行 •

太平公主自恃功高，愈益骄横，也想像母亲那样过一下当女皇的瘾。712年，李隆基受禅即皇帝位，率领兵马除掉了太平公主和其手下的骨干，并把年号改为开元。

姚崇曾在睿宗时期担任兵部尚书，因为得罪了太平公主，被贬为申州刺史。唐玄宗想到他是个很有才干的人，就召他入朝，任命为宰相。姚崇见到唐玄宗后，说道："臣有十件大事，恐怕陛下未必同意，所以不敢接受任命。"唐玄宗说："你说说看，是哪十件大事？"

姚崇说："第一，以仁义为先，不要只用刑罚；第二，十年之内，不要在边境作战；第三，宦官不要干预朝政；第四，皇亲国戚不要担任机要职务；第五，无论什么人，犯了法都得受罚；第六，取消租税以外的一切额外征收；第七，禁止营造佛寺；第八，对待臣下要有礼；第九，允许群臣对朝政提出批评建议；第十，严禁外戚（皇帝的母亲或妻子的亲属）干预政事。"唐玄宗诚恳地说："这十件大事至关紧要，我都同意，你不必担心。"

姚崇当了宰相以后，没有辜负唐玄宗对他的信任，治理国家很有成绩。

唐玄宗整顿武则天以来的弊政，改革了兵制，赏罚分明，办事干练果断，国家很快出现了全盛局面，被史家誉为"开元之治"。对此，司马光称赞他"明皇之始欲为治，能自刻厉节俭如此"。

李隆基能够"善始"，却没有"克终"。他到了晚年，在成就面前踌躇满志，仗恃天下太平，以为再没有可以忧虑的事情了，昔日的进取精神消失殆尽；越来越奢侈无度，在深宫大院"专以声色自娱"，"春宵苦短日高起"，而不愿"刻厉节俭"，不再勤于政事；他越来越爱听奉承吹捧的话，而听不进逆耳忠言，大权旁落于李林甫、杨国忠、安禄山之手，酿成安史之乱、马嵬哗变，使唐朝走了下坡路。

《资治通鉴》第214卷载，吏部侍郎李林甫，伪善谄媚又擅长狡诈的权术，结交宦官和后宫嫔妃，让他们暗中窥察玄宗的行动，因此掌握了皇帝的一举一动。于是李林甫每次上朝奏事，所说内容常常正中玄宗下怀，由此博得了玄宗的欢心。李林甫成了唐玄宗最亲近、最得意的臣子。

唐玄宗宠信奸臣，对其言听计从，而逐渐疏远忠臣。张九龄容貌清秀，风度潇洒，不迎奉，不苟合，是个"致君尧舜上"的儒家知识分子，也是一位优秀的政治家，与玄宗君臣相合，共创开元盛世。

公元736年农历八月初五，是唐玄宗51岁生日，群臣都来祝寿，带来稀世珍宝以讨玄宗欢心，唯独张九龄收集历代兴衰事，编成一部书，名为《千秋金镜录》五卷，呈献玄宗，希望玄宗以前世治理天下的经验和教训为镜鉴，继续治理好国家。其进书表这样写道："臣愚以谓明镜所以鉴形者也，有妍媸则见之于外；往事所以鉴心者也，有善恶则省之于内。"此时的玄宗早已骄而忘忧了，没有体会到张九龄的一片赤诚之心。

李林甫是个不学无术的佞臣，但逢迎拍马的手段极其高明。正直敢谏的张九龄终敌不过李林甫巧言令色、善事人主而败下阵来。736年秋天，玄宗给张九龄送了一把扇子，暗示用不着他了。张九龄立即明白了玄宗的意思，给玄宗献了一首《白羽扇赋》，以"苟效用之得所，虽杀身之何忌？""纵秋气之移夺，终感恩于箧中"来表白自己忠于皇上，不计较个人得失的忠诚心情。不久，李隆基罢免了张九龄和裴耀卿宰相之职，重用了一群奸佞小人，使唐王朝政局转向昏暗。

唐玄宗迷恋酒色，不理朝政，王朝衰落。唐玄宗即位时，武惠妃正十五六岁，好似一朵含苞待放的花朵，引起了玄宗的注意、宠幸。不久，她为玄宗生下了第18个儿子，就是寿王李瑁。公元737年，宠妃武惠病死，玄宗整天闷闷不乐，虽然宫中红颜数千、宫女四万，却没有中意者。他失去精神的支柱，开始寻找美女知音和红颜知己，把钟爱的标准定格在善歌舞、懂音律上，因为这是他一生的爱好和追求。后宫三千佳丽，任其挑选，竟没有令玄宗满意的。

这时候，高力士为唐玄宗推荐了杨玉环。杨玉环本是玄宗所宠爱的武惠妃生的儿子寿王李瑁的妃子，是个天生丽质、以肌体丰腴著称的美人儿，而且通音律、能歌善舞。李隆基却对她一见钟情，碍于她是自己的儿媳也不便明目张胆地将其纳入宫中，于是让杨玉环出家，脱离寿王，再以"做女道士"为名招进宫中，经过一番暗度陈仓后，占为己有。"父夺子妻"，成为唐朝宫闱的一大怪闻，真可谓是风流到不顾纲常伦理、不顾礼义廉耻的地步了。

杨玉环入宫不到一年，便赢得异乎常人的宠幸，史称"礼遇如惠妃"，玄宗日夜围着她转，集"三千宠爱在一身"。李隆基对杨玉环的宠爱有加，最初是受其容貌的吸引："回眸一笑百媚生，六宫粉黛无颜色。"杨玉环柔媚中透着纯真、直率、泼辣甚至放纵，使李隆基陷入痴迷的恋爱之中。丰盈娇憨的杨玉环是一位"善歌舞、通音律"的女子。多才多艺的李隆基精通音乐，会演奏多种乐器，舞跳得也好，与杨玉环结为艺术知音。

为了讨贵妃的欢心，唐玄宗让700多人给她织锦刺绣。杨贵妃每次骑马,都是大宦官高力士亲自架鞍执鞭。唐玄宗竟然下令传送紧急公文的差官,从岭南骑马奔跑几千里,把荔枝送到宫中,"比至长安,色味不变"(《资治通鉴》)。正可谓"一骑红尘妃子笑,无人知是荔枝来"。

杨贵妃是不涉时政的娇憨女人,喜欢被娇惯、受宠溺,身在福中不知祸。有了杨贵妃,唐玄宗的奢侈之风越来越盛,大臣、贵族、宗室为了巴结皇帝,纷纷投贵妃所好。结果让她高兴的人都升了官,这又刺激更多的官僚贵族巴结逢迎,争献美味佳肴、珍异珠宝。

由于唐玄宗的腐败,宠信奸臣,迷恋声色,唐朝的政治经济危机日益加剧。均田制和府兵制瓦解了,守卫京城的军队毫无战斗力。玄宗非常喜欢外表憨厚的安禄山,不相信安禄山有一天会反叛,后来索性将言安禄山反叛者送给安禄山处置。玄宗我行我素,不断破格提拔他,将十大藩镇中的三镇强兵悍将交给他指挥,安禄山基本上控制了唐朝东北部边境,使他既有谋反的基地,又有谋反的军事实力。

安禄山招兵买马,屯粮积草,于755年率领15万大军在范阳发动叛乱,直逼长安。"渔阳鼙鼓动地来,惊破羽裳霓衣曲。"唐玄宗由开始不相信,转而无比震怒,又被深深地刺伤自尊心,变得十分急躁,失去了指挥战争所必需的客观冷静。愤怒焦急之中,唐玄宗草率地斩杀防守得当的封常清、高仙芝,并强令哥舒翰放弃潼关天险出击叛军,结果全军覆灭。

唐玄宗西逃,慌不择路,饥不择食,悲痛难抑,泪流不止。马嵬驿兵变,杨国忠被杀,杨贵妃被缢死,草草掩埋于黄土。

此时,不仅天下大乱,李隆基身边也发生了一场大变乱。太子与

• 知人必须辨其意，识人必须察其行 •

唐玄宗之间早就有着深刻的矛盾，李隆基认为李亨不是个理想的皇位继承者，自己也绝没有让位的打算。太子考虑跟随父皇去到蜀郡，太子地位能否保住是难以预料的。马嵬驿兵变之后，李隆基决意西行蜀地，而太子李亨却以"父老挽留"为由，与他分道扬镳，留在了关中。在此分手后两个月，李亨取代了他老子，登上了皇位。

公元762年农历四月，唐玄宗病逝，享年78岁。他在遗诰中忏悔："常惧有悔，以羞先灵。"

【评 点】

不识人不可能善任，不知人只会盲用。然而，识人之事，自古称难。大千世界鱼龙混杂，有些时候真假难辨。有些人表面看起来老实厚道，而实际却是包藏祸心。因此，观察了解一个人远比观察一个景物复杂得多。防君子易，而防小人难。

晋朝刘毅说："为官有三难，人物难知，爱憎难防，情伪难明。"唐代《反经》一书有言："臣闻主将之法，务览英雄之心。"吴王夫差曾斥伍子胥为奸，喜伯嚭忠心可许，后来吴国败亡时，始知识人之误。这是由于事物的现象常常与其本质不同，表面现象容易迷惑人。

李隆基在执政的开元年间，用人方面同历代一些有作为的君主相比毫不逊色，目光敏锐，颇能甄别真伪，洞察忠奸，器重人才，重用了有才干、很正派的姚崇、宋璟、张九龄、韩休等人。"所用之相，姚崇尚通，宋璟尚法，张嘉贞尚吏，张说尚文，李元纮、杜暹尚俭，韩休、张九龄尚直，各其所长也"，都是治世之能臣。臣子的直言极谏，玄宗也大都能虚心纳之，并予以鼓励，从而才有开元盛世的出现。

理政古鉴
——从历史中汲取走向未来的智慧

唐玄宗创"开元盛世",天下太平,路不拾遗,夜不闭户,难能可贵,后人称赞。唐玄宗前半生的光荣与后半生的昏聩之对比竟如此鲜明:他亲手开启了"开元盛世",也是他一手酿制了公元755年发生的"安史之乱",犹如一场惊天大地震,使盛世大厦顷刻倒塌。

唐朝走下坡路,出现"安史之乱",正是唐玄宗在"盛世"之下奢靡荒淫的结果。他在晚年志满意骄,渐衰忧勤之心,怠于政事,高居无为,奢靡日甚,疏贤亲佞,重用奸臣,坏了大事。"奋铅锋于犀兕,骋驽蹇以追风。"

由于杨贵妃的得宠,杨氏家族鸡犬升天。杨贵妃的哥哥杨国忠平步青云,做上了唐朝宰相。杨国忠能力很差,但喜欢胡乱处理朝政,干坏事很在行,接受贿赂、拉帮结派应用自如。在他的专权下,整个唐朝开始混乱起来。他的为非作歹,也把妹妹送上了不归之路。《资治通鉴》认为唐玄宗晚年"以奢败",是不无道理的。

究其原因,"安史之乱"在很大程度上是唐玄宗晚年迷恋上杨贵妃之后,用人失察,重用李林甫、杨国忠等奸才的结果。自从杨玉环成为贵妃后,一大批奸佞的小人如李林甫、杨国忠等走进了唐玄宗的朝堂,结果养虎遗患,小人当道,天下大乱。"生于忧患,死于安乐。"唐玄宗由英明之主变成荒淫之君,几乎丢掉了江山。后来安史之乱虽然被平定,但安史之乱成为唐代历史的转折点,唐王朝由鼎盛走向衰落,走上了百余年藩镇割据的战争之路,令后人殊为惋惜,其教训极为深刻。

选贤任能应视为成就事业的头等大事。舜帝的贤臣(司法官)皋陶说:天子关键在于知人善任,在于安抚好人民。舜帝的大臣益对舜

• 知人必须辨其意，识人必须察其行 •

说："任贤勿贰，去邪勿疑。"——是贤人就要毫不犹豫地任用他，是邪恶小人就要毫不迟疑地除掉他。如果说，善修身者，方可攻人心，那么，敢用人者，乃可谋大势。

知人必须辨其意，识人必须察其行。看人不能只靠一时的印象而妄下结论。冯梦龙说："不可以一时之誉，断其为君子；不可以一时之谤，断其为小人。"只看一时一事，仅听片言只语，直线式、习惯性思维方式，恐怕要失误。对于正派之人不要计较小节问题，不能因为一个过错而将君子贬为小人；对于拍马屁者不能因为其表面的毕恭毕敬、甜言蜜语而误当作君子，寄予较高的期望。

历代明君贤臣把亲贤臣、远小人、去奸邪视为从政治国之要。诸葛亮说："国之有辅，如屋之有柱，柱不可细，辅不可弱，柱细则害，辅弱则倾。"可是偏偏在这一极为重要的事情上容易出错：把奸臣误认为是忠臣，疑忌、贬逐忠臣。这是因为有些人善于伪装，貌似谦恭，实则奸诈。

范仲淹《选任贤能论》说："王者得贤杰而天下治，失贤杰而天下乱。"一个国家没有才智出众、道德高尚的贤臣，却能实现富强，危难之中求得安定，是从来没有的。三军易得，一将难求。不怠慢、排挤贤才，是何等重要啊！

可悲的是，玄宗晚年已丧失临渊履薄的谨慎心理，丢掉了励精图治的进取精神，自恃承平，志骄意满，醉心奢华生活，助长奢靡之风，良莠不分，忠奸不辨，把美玉视为顽石，将沙石当成黄金，相继罢免了忠直进谏的宰相韩休、张九龄，把最善于溜须拍马、口蜜腹剑的李林甫提拔为宰相，只用一些才智平庸而善于溜须拍马的小人，搞得贤

• **理政古鉴** •
——从历史中汲取走向未来的智慧

能靠边，奸佞当道，飞扬跋扈，使国家由兴盛转向衰败。

■ 此日六军同驻马，当时七夕笑牵牛。如何四纪为天子，不及卢家有莫愁。

——〔唐〕李商隐

■ 每个人都有过错，但只有蠢人才会执迷不悟。

——〔古罗马〕西塞罗

偏听生奸,独任成乱

◎ 李林甫少年得志,颇为得意。他不学无术,阴柔狡诈,迎合旨意,夺得相位,开始了唐朝奸臣专政、飞扬跋扈的时代。李林甫久居相位,自专大权。唐玄宗"怠于政事",大权旁落。前车之鉴惨痛,后人应当吸取教训。

李林甫原是吏部尚书,奸诈狡猾,是中国历史上"口蜜腹剑"的典型人物。他曾登上宰相的高位,深受唐玄宗的宠信,独揽大权,左右朝政长达19年。《新唐书》说:"林甫特以便佞,故得大任。""便佞"者,巧言善辩、阿谀逢迎也。

唐玄宗认为,李林甫善解人意、听话,不跟他唱反调,用起来顺手。736年,唐玄宗在东都洛阳住长了,想回长安。宰相裴耀卿等人向玄宗进言:现在农夫收割还没有完,须等到冬天农闲方可返回。大臣们离开玄宗时,李林甫假装瘸着走路,独自留在后面。

玄宗问他哪里不舒服,他对答说:"臣下不是有病,是有事要上奏皇上。洛阳、长安本来是皇上东宫、西宫,皇上要到哪里去,何必

· **理政古鉴** ·
——从历史中汲取走向未来的智慧

要等待时机。假如会妨害农事,皇帝可以单独赦免所经地区的租赋。"玄宗大悦,当即下令驾车回行。

这事虽然发生在李林甫任宰相两年后,但从中可以看出他工于心计,善于奉迎。他之所以能登上相位,很重要的一条就是靠这种手腕。

李林甫很会走"夫人路线"和"宦官路线",这使他对玄宗的奉承更有成效。李林甫"柔佞多狡数,深结宦官及妃嫔家,伺候上动静,无不知之,由是每奏对,常称旨,上悦之"。李林甫每次上奏,玄宗都很满意,原来他通过宦官和妃嫔,把玄宗的心理活动摸得一清二楚。

李林甫特别重视和玄宗当时最宠爱的武惠妃搞好关系,专门托宦官转告武惠妃,说自己一定会尽力保护她的儿子寿王李瑁。武惠妃被他的一片"忠心"感动了,于是吹了枕边风,李林甫就被提拔为黄门侍郎。接着,唐玄宗又任命他为礼部尚书、同中书门下三品,也就是登上宰相之位了。

李林甫蔽上有术,在唐玄宗面前制造出种种执政宽平、虑事缜密、精明干练的假象来显示他的所谓"宰相之才"。他见唐玄宗信任安禄山,就与安禄山来往,并在玄宗面前夸奖他,结果"卒使禄山倾覆天下,皆出于林甫专宠固位之谋也"。

李林甫为了击败政敌安禄山,巩固自己的权力地位,便施展他那"阳与之善""而阴陷之"的故技。他表面上对安禄山"礼貌颇倨"的傲慢态度佯装豁达,进而用虚情假意讨得了安禄山的好感。可是,在背地里却制造了"胡人不知书",不能当宰相的借口。这样一来,唐玄宗便放弃了让安禄山当宰相的打算。由此观之,安禄山尽管十分狡猾,但同"口蜜腹剑"的李林甫相比,却是小巫见大巫。正如史

• 偏听生奸，独任成乱 •

书所载，李林甫"好以甘言啖人，而阴中伤之，不露辞色"。

李林甫善于玩弄阴谋诡计和政治权术，多方蒙蔽君主视听。张九龄是大唐名相、大诗人、大学者，为人耿直。玄宗听信惠妃之言欲废太子，张九龄屡谏不可。李林甫当面不发表意见，背后却有意中伤张九龄："这是天子家里的私事，外人何必参与呢？"影射张九龄干预皇上"家事"，使玄宗开始对张九龄不满。

736年，玄宗打算提拔平庸无能的牛仙客为"尚书"，为人耿直的张九龄认为牛仙客"目不知书，若大任之，恐不惬众望"，一个边关小吏，一下子提拔到这样一个位置，会使人轻看朝廷的。

唐玄宗退了一步，想赏牛一个爵位，赐给他一块土地。张九龄还是不同意："爵位、土地，是用来奖励有功之臣的，牛仙客作为一个边将，充实仓库，修造器械，是他应尽的职责，算不得什么立功。如果认为他办事勤劳，赏他些金银绸缎足够了。"

李林甫看出皇帝不高兴了，当面不与张九龄争辩。张九龄与玄宗因意见不合不欢而散。玄宗讨厌他，嫌他啰嗦。李林甫却在退朝后私下奏言玄宗说："牛仙客是当宰相的料，更何况一个尚书。张九龄是个书呆子，不识大体。""只要有才干便可当官，干吗非要有学问？天子用人还会有什么错误吗？"

李林甫吹捧牛仙客有宰相之才，诋毁张九龄是"拘古义，失大体"的"文吏"，又把张九龄的话私下告诉牛仙客。玄宗由此认为李林甫谨厚公允，心胸宽阔，不专权护势，于是疏远张九龄，牛仙客也对张九龄恨之入骨。李林甫笑里藏刀，明枪暗箭，使玄宗废掉了太子李瑛，罢免了宰相张九龄。李林甫取代张九龄为中书令。

李林甫还利用自己不正当的男女关系"向上爬"。朝中宰相裴光庭的夫人,是武三思的女儿,虽说她已徐娘半老,但仍风流不羁。李林甫变着法子接近她,眉来眼去,与她私通,以身侍奉。没几年,裴光庭病死,宰相缺位。裴夫人为李林甫登上相位,苦苦哀求权倾朝野的高力士。唐玄宗要任用韩休为相,高力士告诉了裴夫人。李林甫得知后,心中不快,但转念又有了新主意。

李林甫马上去拜见韩休,说:"裴相去世,宰辅缺位。我向皇上推荐你继任宰相,皇上恩准了。诏书迟迟未发,是因为萧嵩反对,他拖延拟诏书。反正诏书一二日就到,我是来贺喜的。"李林甫又向皇上上奏,推荐韩休为相。韩休当上宰相后,还以为是李林甫推荐的结果。

李林甫蔽上有术,还表现为千方百计地压制群下,"杜绝言路"。736年,他唆使唐玄宗罢免裴耀卿、张九龄,自己开始独揽大权。

为了巩固自己的专权地位,李林甫竭力阻断唐玄宗与朝廷百官的联系,防止唐玄宗听到不利于己的言论。有一次,他把大臣召集起来,公开恐吓群臣要三缄其口:"现在皇上圣明,做臣下的只要按皇上意旨办事就行了,用不着大家七嘴八舌。你们没看到立仗马(一种在皇宫前做仪仗用的马)吗?它们吃的饲料相当于三品官的俸禄,但是哪一匹马要是叫了一声,就被拉出去不用,后悔也来不及了。"

谏官杜进不听李林甫的话,上奏本给唐玄宗提建议。第二天就被降职到外地去做县令。大家知道这是李林甫的意思,以后谁也不敢向玄宗提意见了。

李林甫对所有敢于违背他的禁令、上书言事或揭发其罪状的官员进行残酷打击,无情迫害。他本人是"老虎屁股摸不得",他的那些

• 偏听生奸，独任成乱 •

同党，也不许别人呵斥一声。有人上书指责牛仙客"滥登相位"，结果惹怒了李林甫，竟然被问罪处死。

刑部尚书李适之是唐太宗的曾孙，曾与李林甫一同为相，此人坦荡随和，办事干练，受到唐玄宗的信赖。李林甫很嫉妒这个"势位将逼己者"，便利用他"性疏率"的毛病，设圈套进行陷害。

有一次，李林甫故意对李适之说："华山有金矿，开采后可强盛国力。皇上还不晓得这件事呢。"李适之信以为真，不知是圈套，兴冲冲地进奏玄宗，请求批准开采金矿。玄宗非常高兴，将此事告诉李林甫。

李林甫却变了个腔调说："我早已知道这事了，但华山是帝王之气所在，不能开采！所以不敢向您启奏。"

唐玄宗觉得李林甫是一片"忠心"，而李适之考虑问题太轻率。于是下令："以后凡有事上奏，应先与林甫议之，不得草率从事。"从此唐玄宗逐渐疏远李适之，李适之终于被罢相。

李林甫就此掐断了同僚的言路，自己成了一人之下、万人之上的"忠臣"，出现了李林甫一手遮天、万马齐喑的局面，把玄宗推上了孤家寡人的绝路。

李林甫的蔽上有术，还表现在他去能用庸、除正扶邪的用人方针之上。一方面，他玩弄各种手段排贤、阻贤、压贤、害贤；另一方面重用那些讨好自己且平庸无能的人。

李林甫一手制造了"杨慎矜案"。杨慎矜原来是李林甫的门下，渐受唐玄宗恩宠，提升为户部侍郎。李林甫为此非常妒忌，便利用杨慎矜和王铁的矛盾，唆使王铁诬告杨慎矜是隋炀帝的玄孙，家中私藏谶书，结交凶人，阴谋复辟。唐玄宗大怒，下令逮捕杨慎矜。李林甫派卢铉再入杨家搜书，并在袖中藏入谶书，制造罪证，不一会儿，卢铉就拿着书走了出来。杨慎矜绝望地说："我根本就没藏此书，看来今天必死无疑了！"李林甫上奏玄宗，此案证据确凿，玄宗深信不疑，下令杨慎矜三兄弟自尽，妻子儿女流放岭南，案件牵涉数十人。

历史上的安史之乱，李林甫也难辞其咎。李林甫独掌大权后，建议唐玄宗任少数民族将军为节度使，目的是使掌握军权之人不能入朝为相，这样就能长期保住自己的地位。他的建议被唐玄宗采纳，才使安禄山得到重用，为其以后发动叛乱创造了条件。

贪权、贪钱、贪色，是一切贪官污吏的堕落之源。李林甫也不例外。他大权独揽，少不了要搜括民财。他仅在京城郊外的住宅就占尽了上等的肥沃之地。到了晚年，他则沉溺于声色之中。他到底有多少女人，恐怕连他自己也搞不清，一言以蔽之，是"姬侍盈房"。

他做贼心虚，自知积怨太多，内心非常不安，十分惧怕刺客，每次出门总要有百余步骑左右保护。住宅周围则岗哨林立，每天晚上要换几个地方睡觉，备受折磨。

李林甫干尽坏事，结果"亦为人所陷"。他的亲信吉温，"去林甫而附杨国忠"，又与安禄山约为兄弟，他们一起剪除李林甫羽翼，陷害李林甫。于是，玄宗日疏李林甫。

"千夫所指，无病而死。"753年，李林甫死了，无人不拍手称快。就在他下葬之前，杨国忠上奏唐玄宗，告他预谋造反。结果，唐玄宗信以为真，下令以庶人礼埋葬。李林甫的几个儿子，则被流放到岭南。

• 偏听生奸，独任成乱 •

【评 点】

古往今来，有的人以伪善面目出现，一副菩萨模样，陷害别人反不被人知。他们何尝不知迟早会被人发现，会遭人唾骂？

李林甫何许人也？是一个"口有蜜、腹有剑"的首席奸臣。他表面上给人以温柔的样子，好像可以亲近，实际上犹如悬崖陷阱，深险难以得知。《新唐书》说他："性阴密，忍诛杀，不见喜怒。"毛泽东说："李林甫是唐朝的宰相，是一个有名的被称为'口蜜腹剑'的人。"（《毛泽东选集》第2卷第657页）

盛唐走向下坡路，以李林甫擅权为标志。他排斥异己，内引杨国忠，外进安禄山，把个大好河山搞得乌烟瘴气，民不聊生。

察言观色，以投主子之所好，是李林甫邀宠的惯技。唐玄宗为何要用李林甫，是不了解他的为人吗？不是。"嫉贤妒能，亦无敌也。"正是唐玄宗对李林甫的评价。但是"洞见其奸，而卒不能退"，原因是李林甫善于阿谀献媚，"常厚以金帛赂上左右"，及时摸清唐玄宗的心思，然后投其所好，是其所是，非其所非，使唐玄宗感到非常舒服和满足，因而喜欢、宠信李林甫，凡是政事都同他商量。

在古代当官是一件令很多人向往的事情，有限的官位成了稀缺资源，一些缺少官德之人绞尽脑汁争夺官位。但是由于"礼"的约束，他们表面装作一副非常真诚的样子，背地里却使用造谣中伤、无中生有、捕风捉影、买凶杀人等手段打击自己的竞争对手。

新浪网有篇文章说，李林甫这样的奸佞之徒的出现，标志着开元之治的结束。李林甫为相的19年，是大夜弥天阴霾笼罩的19年。一大群以李林甫为首的跳梁小丑，上演了一出群魔乱舞的政治闹剧，也

· 理政古鉴 ·
——从历史中汲取走向未来的智慧

演绎出了一个邪恶必败的历史规律。

宰相一职也是一把"双刃剑",一面可以宰持天下,襄理帝王;另一面也能侵凌君权,独霸朝野。《资治通鉴》第216卷对李林甫为相是这样评价的:"林甫媚事左右,迎合上意,以固其宠;杜绝言路,掩蔽聪明,以成其奸;妒贤嫉能,排抑胜己,以保其位;屡起大狱,诛逐贵臣,以张其势。自皇太子以下,畏之侧足。凡在相位十九年,养成天下之乱,而上不之寤也。"

文景之治、光武中兴、贞观之治时期,由于政治比较清明,君主较为注意戒奢以俭、任人唯贤、从谏如流,所以没有发生大规模奸臣为祸的事件。唐玄宗从励精图治的君主,转变成骄矜淫逸的君主,是李林甫之流猖獗于天宝年间的重要原因。《资治通鉴》说他"渐肆奢欲,怠于政事","悉委政事于林甫",完全走向了其即位之初的反面。

李林甫之所以得手,还不是因为唐玄宗糊涂?如果李隆基能保持清醒头脑,能管好身边人,能听得进张九龄等人的不同意见,就不会被李林甫骗到。唐玄宗在安史之乱中曾被迫无奈作过忏悔,承认自己用错了人。他用错的不是一个人,而是一批人;不是一般的人,而是位高权重、掌握国家命脉的人。他用错的权位最高的三人,就是宰相李林甫、杨国忠,将领安禄山。三人中,宠信一人,于国于民都有大害,何况还宠信了三人!等到成了流亡之君,玄宗才知"悔无所及"。

在历史和现实生活中,总会出现这样口蜜腹剑的人:表面上是个谦谦君子,和蔼可亲,实则阴险狠毒。这种人善于察言观色,投他人所好,容易得到领导者和别人的欢心。可一旦提升职位、手中有权之后,便会对上捧,对下压,牟取私利,毁坏事业。注意识别这类没有官德

• 偏听生奸，独任成乱 •

之人，是很有必要的。

古往今来，谄谀者，贼人也。那些善于在人前溜须拍马、阿谀奉承的人，大都不是真心钦佩。拍马是为骑马，下饵是为垂钓，张网是为捕获。其用意不过是巴结权力、捞取个人私利而已。而在背后，他们往往又都是一些喜欢搬弄领导是非的人。

为政者一定要管好身边的人，牢记"兼听则明，偏信则暗"的道理，多留意一下身边有没有学无专长、业无专攻、爱琢磨人、暗处使坏的小人，不给身边的人和下属溜须拍马的机会，以防闭目塞听，小人当道。

■ 二相去留际，中原治乱分。异时马上泪，遥洒曲江坟。

——〔宋〕刘克庄

■ 阿谀奉承没有牙齿，却能吃掉人的骨头。

—— 俄罗斯格言

为治之要，莫先于用人

◎ 靠钻营向上攀爬，是政客的投机之道，有的还反误了卿卿性命。杨国忠本来是一个无赖军人，既无常识，又欠修养，靠裙带关系爬上高位，到处安插亲信，排斥异己，腐败贪婪，使天宝朝廷的威望一落千丈。特别是在对付安禄山的问题上，他故意推波助澜，使一场大灾难终于降临。其兴也勃焉，其亡也忽焉。

杨国忠（？—756），原名杨钊，武则天幸臣张易之的外甥，唐玄宗时有名的大奸臣，天宝年间黑暗政治的代表。他本是酒鬼、赌徒，品行低劣，胸无点墨，举动轻躁，为邻里宗亲所不齿。到了30岁，在老家实在混不下去，被迫远走他乡，入蜀从军。

杨国忠靠裙带起家，仗着堂妹杨贵妃三姐妹的关系，从无赖之徒到位高权重的宰相，随心所欲地处理朝政，根本不像是一国之宰相。

745年，杨玉环被唐玄宗册封为贵妃，时年27岁，而唐玄宗61岁了。由于杨玉环的关系，加之杨国忠能投皇帝之所好（唐玄宗最喜欢玩"樗蒲"的赌博游戏，而杨国忠刚好擅长此道），获得了唐玄宗情感上的信任。《新唐书》说他"又便佞,专徇帝嗜欲,不顾天下成败"。他通过"内线"杨贵妃,清楚地掌握了玄宗的心理变化及其嗜欲与好恶,投其所好,故很快得到玄宗的宠信。

李林甫与杨国忠从勾结转向交恶和争夺,势在难免。在这场角斗中,杨国忠基本上处于主动出击的地位,而且计谋毒、来势凶、下手快,使老奸巨猾的李林甫穷于招架,少有反击之力。杨国忠把李林甫过去的一些丑事上奏玄宗,由此玄宗开始厌恶和疏远李林甫。

753年,奸相李林甫病死,杨国忠做了宰相。杨国忠乱政之迹与日俱增,为祸渐深,是"安史之乱"的直接引发者,影响和左右着整个大唐帝国的命运。

杨国忠善于制造假象,更善于掩盖真相。他为了满足唐玄宗的虚荣心和骄奢淫逸的生活需要,将各郡县多余的粮食粜出,换成钱币,将丁税、地租等征收为布帛,全部运往京城,精心制造出物品极大丰富,取之不尽、用之不竭的假象。他经常对玄宗说,现在国库很充实,古今罕见。玄宗率文武百官去参观左藏,一看果然如此。从此,杨国忠更受玄宗宠信。

杨国忠掌权期间,关中连年发生干旱、水灾,民间大闹饥荒。身为右相的杨国忠不仅置灾民于不顾,而且隐匿灾情,粉饰太平。他找来一些饱满的禾穗给玄宗看,并且胡说:"雨水虽多,但没给庄稼带来损害。"杨国忠掩盖灾情,还不许别人说实话。房琯据实上报,竟然遭到了御史的惩办。

面对水旱灾相继发生的情况,玄宗便问高力士:"这样的气候肯定会造成灾害,你给我讲讲真实的情况。"高力士不由得叹了口气道:

理政古鉴
——从历史中汲取走向未来的智慧

"自从杨宰相把持着朝政大权,所有的法令都行不通,闹得灾祸不断,天下怎能太平呢?"但是沉迷于声色的李隆基却听不进高力士的忠告。为贪战功,杨国忠还两次兴兵南诏,前后死了十几万人。

杨国忠一旦大权在手,就将选拔、任用官吏的制度、程序都打乱了。本来选官要经过几个有关衙门和各有关官员层层筛选,整个过程要从春天到夏天才能结束。杨国忠撇开各有关衙门,违反制度化的程序,把亲信叫到家里,预先密定名单,然后再召集几个官员,读一名便定一名,走走过场。那些求官之徒,纷纷给杨国忠送厚礼,贿赂成风。当时有位名叫康谦的经商的胡人,通过贿赂当了个安南都护。后来,他继续向杨国忠行贿,竟被破格提升为将军。

杨国忠的儿子杨暄,因忙于替父亲收受贿赂,无心学业,科举考试本没中,却排于榜首。

随着地位的升迁,杨国忠生活极为奢侈腐化。每逢陪玄宗、贵妃游幸华清宫,杨氏诸姐妹总是先在杨国忠家会集,竞相比赛装饰车马,用黄金、翡翠做装饰,用珍珠、美玉做点缀。出行时,杨国忠还持剑南节度使的旄节(皇帝授予特使的权力象征)在前面耀武扬威。

杨国忠曾对人说:"我家本来穷困潦倒,能混到今天这个样子,全托贵妃的福。好日子也不知能过到哪天,不如及早行乐,过一天算一天。"他自知靠杨贵妃的关系发迹,无德少能,没干过什么好事,最终也不会有什么好结果。

杨国忠的私生活腐朽堕落。他与堂妹兼旧情人虢国夫人自小私通,入相后兄妹俩常在一起鬼混。外出双马并骑,调情嬉闹,招摇过市,不以为耻,路人嗤之以鼻。杜甫《丽人行》中"杨花雪落覆白苹,青鸟飞去衔红巾"句,就是暗指杨氏兄妹的越礼行为。据传说,杨国忠还常常以女婢为"肉阵"取暖。

杨国忠与安禄山同样得到玄宗的宠信。杨国忠的发迹比安禄山晚得多。杨国忠见安禄山拥有重兵,又深受唐玄宗宠爱,怕有朝一日超越自己,便经常向玄宗说安禄山有谋反的野心,想借玄宗之手除掉安禄山,并处处对安禄山挟制打击,这就迫使安禄山加快了叛乱步伐。可玄宗认为这是将相不和,不予理睬。宋代韦骧《咏唐史·杨国忠》诗云:"权由宠盛危宗社,天子倾心日自如。十万北来犹未悟,潼关尚听促哥舒。"

公元755年11月,安禄山以"奉密旨讨杨国忠"为名,在范阳起兵,叛军势如破竹,攻陷了东都洛阳。举国上下都认为是杨国忠招祸,莫不切齿痛恨。玄宗起用久经沙场的老将哥舒翰,领兵20万镇守潼关,哥舒翰采用按兵守险之策,不肯轻率出击,叛军难以向长安进军。

杨国忠害怕哥舒翰重兵在握对自己不利,于是上书玄宗,诬奏哥舒翰拥兵关内,拒不出战。哥舒翰在严令的压力下引兵出击,中了埋伏,全军覆没。哥舒翰被安禄山杀害,唐玄宗不得不仓皇西逃。

待到车驾行至马嵬驿,将士已饥渴难耐,不肯前行。龙武将军陈玄礼趁机对将士们进行煽动,说这场叛乱全是由杨国忠引起的,杀了杨国忠可平息叛乱。说罢,有人发箭朝杨国忠射去。杨国忠翻身下马,逃到马嵬驿的西门内。将士们蜂拥而入,将杨国忠斩首,悬于驿门外面。杨国忠的儿子杨暄及秦国夫人等被杀死。

玄宗为平息众怒,为保自己的命,只好狠了狠心,忍痛令高力士将杨贵妃带到别的地方赐死。显赫一时的杨国忠及其家族落得可悲结局。

· 理政古鉴 ·
——从历史中汲取走向未来的智慧

【评　点】

不要小看女人的裙子，她们的裙子一旦旋转起来可以掀起一股股旋风，旋得皇帝头晕目眩，旋得忠臣良将纷纷落马，旋得奸佞小人趋炎附势。

利用裙带关系，大搞"夫人外交"，作为向上爬之台阶，此乃男人的又一"发明"，政客的投机之道。只是一旦"关系"失势，难免不被连累。市井之徒杨国忠，早年过着低贱而又穷困潦倒的生活，因劣迹昭昭，不为邻里宗亲所容。天宝初年，他利用杨氏姐妹的关系，巧为钻营，从此时来运转，不断加官进秩。到了公元753年，杨国忠当了宰相之后，一人身兼40余职，朝中几乎所有重要职位都为杨国忠一人兼任。

杨贵妃本人没有什么政治野心，从不过问政事，不会玩弄政治权术，但她的家族靠着她的得宠和荣耀而鸡犬升天。唐玄宗对他们极其慷慨，胡乱封赏，客观上助长了以杨国忠为首的腐朽势力兴起。

杨国忠当上宰相，还有一个重要原因：会拍马。痴拙的杨国忠从虢国夫人那里获悉深宫秘密，揣摩玄宗好恶，然后采取相应对策，投其所好，按玄宗的心理办事，得其欢心。而玄宗一直受蒙蔽，认为杨国忠精明、有才。

柏杨说："没有能力掌握权柄的人，硬是掌握了权柄，等于不会开车的人忽然握住时速100公里的方向盘一样，简直是一场大祸。"何况，过多的权力欲望，还会迷失一个人的心智，会毁掉一个人的本性。正如南宋诗人郑清之（一说李沆）诗云："经行塔下几春秋，每恨无因到上头。今日始知高处险，不如归卧旧林丘。"

• 为治之要，莫先于用人 •

杨国忠本来是个无赖军人，不学无术，但在施展阴谋方面，其狠毒狡诈并不亚于李林甫，执政才短短数年，到处安插亲信，排斥异己，腐败贪婪，惹祸生灾，使天宝朝廷的威望一落千丈。杨国忠对安禄山的嫉恨，使得安禄山加快了叛乱的步伐。特别是在对付安禄山的问题上，杨国忠不能有效地控制，反而抱着个人目的推波助澜，使一场大灾难降临。

这位国舅、当朝宰相，曾经权倾朝野，显赫一时，结果爬得越高摔得越重，官位和性命都没保住，遭到天下人唾弃。

安史之乱历时8年，人民生命财产都遭受了重大损失，唐朝国势也由此不可逆转地衰弱下去。由此可以看出，任人唯亲，轻则失人失民，潜隐危机，重则失国失权，断送江山。

司马光在《资治通鉴》中对用人方式方法做了精辟阐述。他强调："为治之要，莫先于用人。"邓小平说过："政治路线确立了，要由人来具体地贯彻执行。由什么样的人来执行，是由赞成党的政治路线的人，还是由不赞成的人，或者是由持中间态度的人来执行，结果不一样。"因此，必须反对"以人划线"、搞团团伙伙、"义结金兰"、"拜把子"一类的活动。

严格按程序办事，是依法办事、严格按制度行事的必然要求，是保证选好人用好人的重要措施。而不按程序、临时动议，则是用人上随意性，个人说了算的典型表现。委任、选任、考任、聘任，都要按照干部选拔任用工作的有关规定进行。对违反条例规定程序使用干部、搞临时动议的，应严肃查处。

• 理政古鉴 •
——从历史中汲取走向未来的智慧

■ 权由宠盛危宗社，天子倾心日自如。十万北来犹未悟，潼关尚听促哥舒。

——〔宋〕韦骧

■ 当一个人绝对粗鲁时，就好像他脱光衣服赤裸裸地站在人们面前当众出丑。

——〔德国〕叔本华

白石似玉，奸佞似贤

◎ 安禄山是一个大奸似忠、狡黠奸诈的野心家："凶逆之萌，常在心矣"，"包藏祸心，将生逆节"。他装出一副憨直老实和忠心耿耿的样子，以"外若凝直"的表象，来掩盖"内实狡黠"的本质，其反叛"谋逆十余年"，算得上是玩弄手段的大师。

唐玄宗李隆基晚年时，重用有"口蜜腹剑"之称的李林甫等人。李怕带兵的将领入朝来夺他的权，就建议边防将领多由胡人来担任，造成胡人将领权力日益扩大。安禄山就是其中一个。

安禄山（703—757），唐代大将，任平卢、范阳、河东三镇节度使，"安史之乱"的首领。安禄山从小死了父亲，随母亲在突厥族生活，改名安禄山。

安禄山为人乖巧狡黠，得到幽州节度使张守珪的器重，加上他作战勇敢，经常趁契丹人不防备，发动突然袭击，常立大功，因而频频升迁至高级将领。但这个胡人心术不正，妄想尽揽江山和美人。

一天，唐玄宗命皇太子与安禄山相见。安禄山快步上前拜见唐玄宗，不拜太子。玄宗说："卿怎么不拜太子？"安禄山装出一副傻乎乎的样子，拱立说："太子是哪一级的官爵，让臣拜他像拜陛下那样？"

玄宗笑道："朕千秋万岁之后，代我而做天子的就是他，怎能按官爵论高低呢？"安禄山说："臣是愚下之人，心目中只有陛下，不再有别的人，因此冒犯了太子威严。该死！该死！"然后跪下拜见太子。聪明过人的唐明皇被他骗住了，看了太子一眼说："这个人老实憨厚，实在可爱！"

安禄山装出一副憨厚相，献媚讨好杨贵妃。他比杨贵妃大十几岁，却一再请求当杨贵妃的干儿子，玄宗欣然同意。每次见到玄宗和杨贵妃时，安禄山总是捷步上前，先朝着杨贵妃倒头就拜："皇儿参见娘娘！"然后才拜唐玄宗。

唐玄宗先是惊异，继而笑责他把礼节搞错了。安禄山站起来，一本正经地回答："父皇恕罪。孩儿是个胡人，不知天朝的礼仪。按咱胡家的习俗，先拜母亲，后拜父亲。我真是该死该死！"杨贵妃和唐玄宗都为此而高兴。

杨贵妃经常赐安禄山在华清池洗浴，用五色锦缎编织成一个小儿摇篮，令洗浴完毕的安禄山装作孩儿模样，卧在摇篮，口唤妈妈，或装孩儿啼哭。杨贵妃便将他抱在怀里，捏弄抚摸，呼唤"禄儿"。

公元747年的一天，唐玄宗设宴待群臣。安禄山竟然毛遂自荐跳着蹩脚的胡旋舞以呈玄宗。胡人的舞蹈节奏感强烈，动作幅度大，看上去倒有几分粗犷奇幻的味道，杨贵妃直笑得人也软了。

过了一会儿，唐玄宗指着安禄山硕大无比的肚皮，笑着问："皇儿，

• 白石似玉，奸佞似贤 •

你的舞跳得着实不错，可惜这个肚子太大了，不知里面装的是什么东西啊？"

谁知安禄山一点儿也不发怵，应声答道："臣肚皮里没有别的，只有一颗忠于陛下的赤心！"玄宗听后大喜，对他视如亲信。

一天，安禄山向玄宗献上一笼鹦鹉。玄宗说："御苑中也养了一批鹦鹉，但都比不上这只高洁。""谢万岁恩奖！"原来，安禄山先教了这只鹦鹉赞美皇上、贵妃的话，所以这时鹦鹉又高叫："万岁、万岁、万万岁！"

唐玄宗对安禄山委以三处节度使的重任，让他手握重兵18万，安禄山羽翼稍丰满后，便蓄意谋反。

李林甫死后，安禄山与杨国忠开始互相撕咬。杨国忠凭借着奸佞特有的敏感嗅觉，断定安禄山有谋反之心，并且收集到了证据，于是建议玄宗下诏，召安禄山入朝。他认为安禄山心中有鬼，必然不敢来京。谁知安禄山自恃玄宗被自己蒙蔽甚深，于是将计就计，冒险前往京师，再次蒙蔽玄宗。

品质低劣、能力低下的杨国忠，见玄宗不相信安禄山会谋反，竟然不顾国家安危，在没有重大军事部署的情况下，示意府县派兵包围安禄山在长安的官邸。安禄山以诛讨杨国忠为名，公开举起叛乱的旗帜。他率领15万大军，南下进攻长安。

叛军攻下长安后，安禄山欢呼雀跃，以为自己的大燕帝国即将取代大唐帝国，但没想到自己的末日不远了。由于安禄山的叛军到处烧杀掳掠，奸淫妇女，激起各地百姓的一致反抗。郭子仪、李光弼、张巡等人率领军民英勇作战，使叛军屡屡受挫。

· 理政古鉴 ·
——从历史中汲取走向未来的智慧

公元757年春,由于前线失利,安禄山更加急躁,加上老眼昏花不见物和疮痛发作,对部下态度粗暴,终于被久有篡位野心的儿子安庆绪联合谋士严庄杀害。阴险狡诈的安禄山骗了唐玄宗一辈子,却没想到死于儿子之手。"安史之乱"历时8年,生灵涂炭。

【评 点】

"白石似玉,奸佞似贤。"——一块白色的漂亮石头,看起来晶莹剔透,就像玉石一样。可是,一加检验,它的质地硬度都不够玉的标准。它用来说明有的人看起来是个大好人,骗取人们的信任和尊敬,当他的恶行暴露后,人们才能看清其真面目。

安禄山狡伪的手法,一是以"外若凝直"的表象,来掩盖"内实狡黠"的本质;二是对唐玄宗极尽阿谀逢迎以赚其情感;三是经常向唐玄宗贡奉物品。

安禄山用跳蹩脚舞"其疾如飞"的搞笑,说自己大腹便便装的是赤心的巧言,以及厚颜无耻地认杨贵妃为干妈,把自己打扮成大唐王朝的忠臣义士。其贼心反心越是坚定、急切,其伪装则越是形象逼真,骗得唐玄宗的百般宠信,深信不疑,授以军权,委为心腹。唐玄宗把大臣奏章中的提示,看作是对安禄山的嫉妒,对安禄山不仅毫不设防,反而予以同情怜惜,不断施以恩宠,称其为北疆的"长城",竟然把天下一半精兵交给他掌管。

正如《旧唐书》揭示之言:"以百口百心之谗诡,蔽两目两耳之聪明,苟非铁肠石心,安得不惑……故禄山之徒,得行其伪。""渔阳鼙鼓动地来,惊破霓裳羽衣曲。"天宝十四年(755),安禄山发动叛乱,

· 白石似玉，奸佞似贤 ·

使大唐帝国开始走下坡路。沉溺于声色犬马的李隆基绝对没有想到安禄山会背叛他。

唐代的节度使，既是当地最高的军事长官，又是当地最高的行政长官，集军、政、财等大权于一身，实际就是当地的土皇帝。安禄山之所以能够叛乱，还有一个原因，就是他一人身兼三镇的节度使，权力太大又不受任何制约。

凡是逆历史潮流而动的人，总不会有好下场。一生野心勃勃、心肠狠毒、忘恩负义、得志便猖狂的安禄山，占领洛阳称帝，做了两年瞎眼皇帝，没想到祸起萧墙，最终死在亲子安庆绪、心腹严庄、侍从李猪儿之手，难脱阴谋家灭亡的命运。

许多掌权者总希望臣下对他顺从有加，多些奉承屡表忠心，但这很容易让奸邪之人钻空子。一旦掌权者对忠言觉得逆耳了，听巴结称颂的话觉得舒服了，他也就向昏聩转化了，甚至在不知不觉中被那些一味顺从、善于伪装的小人强行推上悲剧舞台。赵高指鹿为马，秦王不以为疑；蔡京童贯献花石纲，徽宗却以为得了人才。

善于"钻空子"的小人狡诈伪善，包藏着明确的政治目的。这种人的卑鄙行为，不仅是道德败坏，更是一种政治破坏，因此，必须警惕。

■ 渔阳鼙鼓动地来，惊破霓裳羽衣曲。

——〔唐〕白居易

■ 恶人的恨虽可憎，恶人的爱更可怕。

——美国格言

意趣清高,利禄不能动;志量远大,富贵不能淫

◎ 李煜即位时,国运穷蹙,元气大伤,南唐已经在走下坡路了。李煜主政15年,虽不是暴君,却是怠于政事的昏君。他缺少治国安邦的能力,缺乏辨别忠奸的眼光,沉湎于酒色,朝政日渐荒疏,形势岌岌可危,已经无力挽回败局。毁国败家的后主,"日夕以眼泪洗面",自取其辱也。

五代十国中的南唐,传三主,即开国的国主李昪、中主李璟和后主李煜。李煜是李璟的第六子。

李煜(937—978),字重光,广额丰颊,天资聪颖,风神洒落,善诗文,精艺事,尤工词,也称李后主。

李煜青年时代常常受到长兄太子弘冀的猜忌,逐渐厌倦政事,厌憎宫廷内部争夺权力的斗争,把才智和精力用在专研文学艺术上。

李煜即位后,没有一统天下的大智大勇,只是想做一个"太平王",快乐着他的快乐。

李后主一生中,曾先后娶司徒周宗的两个女儿为夫人,均立为皇

• 意趣清高，利禄不能动；志量远大，富贵不能淫 •

后。公元954年，李煜18岁，与周娥皇结婚。李煜25岁即位南唐国主，立娥皇为后，就是昭惠皇后，史称大周后。这对多才多艺的夫妻，过着神仙眷侣一样的幸福生活。

公元962年，李后主发现了久已失传的《霓裳羽衣曲》旧谱。大周后拨弦试演，李后主听得如醉如痴。可惜大周后红颜命薄，公元964年，其爱子仲宣因惊得疾夭折，大周后忧郁去世，时年29岁。李煜对爱妻之死，痛惜不已。

公元968年，李煜立昭惠皇后的妹妹为国后，史称小周后。小周后天真纯情，神采照人，颇有才气，颇得李后主宠爱。李后主此后沉迷声色，豪侈靡奢。

李煜的这些行为，让一些忠心耿耿的大臣十分痛心。忠厚耿直的三朝元老萧俨一向以疾恶如仇、刚直不阿著称。有一次萧俨冲破禁内侍卫的挡驾，径直闯到李煜面前。李煜正在跟妃嫔下棋，无心听他面奏。萧俨夺过棋盘扔在地上。李煜惊愕，质问道："你想做魏徵？"萧俨正色回答："臣不敢自比魏徵，可陛下也不是太宗转世！"李煜只好收起棋局。

南唐朝廷的混乱，正好给了宋军全面进攻的绝好机会。李煜在军事上的无知是惊人的。当北宋大将曹彬在长江上搭起浮桥，大军陆续过江时，坐在宫中的他兀自不信，他对大臣说："我也以为曹彬此举近于儿戏，江上架桥，亘古未闻，怎么可能会成功呢！"北宋军队突破长江天险，在江南如入无人之境，不久就兵临金陵城下。

李煜赶紧让大臣徐铉向宋求情，希望能暂缓出兵，并且谦卑地说，南唐事宋如父子，希望能得到宋太祖的原谅。宋太祖回应得很巧妙——

· 理政古鉴 ·
——从历史中汲取走向未来的智慧

既是父子,怎可分家?接着,充满霸气地说了那句流传千古的名言:"卧榻之侧,岂容他人鼾睡!"断然拒绝了南唐的请求。975年12月,宋军占领了金陵,"六朝故都"陷落,南唐灭亡。李煜本来堆好了柴草,准备自焚殉国,到最后一刻却放弃了,随着大臣肉袒出降。李煜及其后妃、臣僚数百人被押往汴京。

"云笼远岫愁千片,雨打归舟泪万行。"数月后,李煜来到汴京,朝觐赵匡胤,得到了一个带有侮辱性的封爵"违命侯"。从此以后,后主便在汴京被软禁,过着与世隔绝的俘虏生活。孤独、冷漠、绝望、忧愁包围着他,贫穷像幽灵一样缠着他,使他无法摆脱。

宋太宗赵光义即位后,常常用言语侮辱李煜。面对强敌与淫威之主,他虽无力也未能抗争到底,但却并非一味屈服。身为囚徒之后,李煜"日夕以泪洗面"。正如清代袁枚所言:"官家赖有重瞳子,洗面终朝眼泪多。"他从未曲意逢迎,一直不忘故国,能于悔恨之中思索、反省,逐渐觉醒,以致最终被杀害。

978年七月初七乞巧节是李煜的生日,后妃们为李煜拜寿,演唱了李煜最有名的作品《虞美人》:忧愁是如此的深,那么的广,那样的无穷无尽——

春花秋月何时了?往事知多少。
小楼昨夜又东风,故国不堪回首月明中。
雕栏玉砌应犹在,只是朱颜改。
问君能有几多愁?恰似一江春水向东流。

• 意趣清高，利禄不能动；志量远大，富贵不能淫 •

李煜填词演唱，声闻于外。宋太宗知道后大怒，传令用毒酒害死了李煜。李煜的死，是他为君无能所致，也是大浪淘沙所然。

小周后失魂落魄，悲不自胜。她整日不理云鬓，不思茶饭，以泪洗面，因经不起愁苦与惊惧的折磨，也于当年离开了人世。

【评　点】

作为一代词人的李煜，以其高度的艺术成就和杰出贡献而在中国文化史上享有崇高的荣誉。李煜的文学才华同政治才能成反比。写词并不能帮他治理好国家，只能使国家一天天腐败下去。当北宋的军队攻入都城的时候，他仍在吟酒赋诗。他是一流的情场高手，是一个性情中人，他的诗只能感动才子佳人，却吓不退百万大军。

作为一国之君，李煜无疑是个失败者，但作为词人，却是文坛词史上一颗璀璨耀眼的明珠。其词通过"真"凸显其作品的本色，大都表现了愁苦遗恨之情，尤其是亡国后的词凄楚无限，哀怨至极。其词本色而不雕琢，多用口语和白描。词篇之美属丽质天成，不靠容饰和辞藻，是用真情刻写亡国破家的不幸，显现出至真至纯之情。李煜给后代留下令人荡气回肠的血泪文字，对中国词的发展做出了重大贡献，对后世影响极大。沈谦在《填词杂说》中言："李后主拙于治国，在词中犹不失为南面王。"

李煜子承父业，算是自然接班，没经受过大风大浪的考验，缺少治国安邦的能力，没有卧薪尝胆的意志，全然没有政治家的风采。毛泽东曾言："南唐李后主虽多才多艺，但不抓政治，终于亡国。"

李煜的江山，是不可能不丢的。南唐在李璟时，西灭楚，东南灭闽，

理政古鉴
——从历史中汲取走向未来的智慧

占地三十余州,广袤数千里,日子过得还比较不错。但到了李煜,由于他"性骄侈,好声色,又喜浮图,为高谈,不恤政事",南唐国力大降,始终受制于宋,已处于风雨飘摇的危亡之际。李煜继位前几年,南唐国势已走向衰落。李煜登基时,雄心勃勃的宋太祖已基本扫平天下,就只剩南唐小朝廷了。"卧榻之侧,岂容他人鼾睡!"李煜已到了山穷水尽的地步。

李煜身为国君,若以政治建树、将才武略讲,他无法与历史上的雄主相比。然而,他并不草菅百姓,嫉杀功臣,残害手足,滥施君威。但权力不受监督和制约,任由独裁专断,必然会走向腐败、没落。李煜太迷恋大小周后姊妹花。大周后去世后,李煜把所有的爱都转移到小周后的身上。他不惜府库钱财,举行了规模盛大豪华奢靡的婚礼,来迎娶小周后。在宫中,他整日和妃嫔们醉酒听歌,诗词唱和,读书论佛,看妃子翩翩起舞。他诏令境内大修佛寺,在宫中苑中修建永慕宫、静德寺,花费大量国库钱财。

生活情趣看似小事、小节,但小中见大,影响大节。古人云:"意趣清高,利禄不能动也;志量远大,富贵不能淫也。"生活情趣不是"纲",但连着"纲"。现实告诉我们,健康的生活情趣可以熏陶人、成就人;而低俗的生活趣味,则是导致沉沦堕落的重要原因,会成为人生的陷阱。

领导干部的生活情趣是其政治品格、道德品质和文化品位在生活中的具体表现。高尚的生活情趣应该属于先进思想文化的内容。领导干部的生活情趣是高雅、高洁、高尚,还是庸俗、低俗、媚俗,决定其崇尚的精神追求。积极有度的情趣爱好,反映了其日常生活中的价

• 意趣清高,利禄不能动;志量远大,富贵不能淫 •

值取向,是生活的"润滑剂",是工作的"减压阀",对工作起到促进的作用。

情趣爱好是"双刃剑",关键就看你如何对待它。清代汪辉祖说:"近利以利来,近色以色至,事事投其性之所近,险窃其柄。后虽悔悟,已受牵持。"要正确选择自己的爱好,分清哪些是健康的生活情趣,哪些是低下的生活情趣,明辨是非、坚守底线,克己慎行,谨防不健康的生活情趣腐蚀人、毒害人。

领导干部因生活作风不正派,情趣不健康而致"腐"的事屡见报端,造成很坏的影响。生活情趣不是小事。对自己的兴趣、爱好、习惯不能恣情放纵,而应当把它们与官德的修养联系起来,对有利于官德修养的则育之。讲操守,重品行,注重培养健康的生活情趣,做到情趣健康、生活阳光、工作清朗,做"一个高尚的人,一个纯粹的人,一个有道德的人,一个脱离了低级趣味的人,一个有益于人民的人"。把握交友原则和分寸,洁身自好,择善而交,净化自己的社交圈、工作圈、生活圈,做到工作之时和工作之余都保持人格品行不变、自我约束不变,保持高尚的精神追求。

■ 官家赖有重瞳子,洗面终朝眼泪多。

——〔清〕袁枚

■ 如果你错过了太阳的时候流了泪,那么你也要错过群星了。

——〔印度〕泰戈尔

千淘万漉虽辛苦，吹尽狂沙始到金

◎ 秦桧诬陷并杀害了名将岳飞，制造了一起人神共怒的千古冤狱。秦桧最终没有好下场，夫妇二人的铁像至今还跪在杭州岳飞庙里，天天受人唾骂，真是弄权一时，凄凉万古。

秦桧，进士出身，南宋初期宰相。两次居相位前后历19年，为人阴险狡诈，顽固推行乞和路线，破坏抗金，残害忠良。

1127年，金兵大举南侵，北宋亡。徽、钦二帝一同被金兵俘虏。秦桧很快就变节投降，在金太宗完颜晟面前奴颜婢膝，被赐给左监军挞懒使用，成为挞懒的亲信，被选为瓦解宋朝内部的最佳人选。

1130年10月，金朝把秦桧与其妻派回南宋，做他们的内奸。秦桧诈称自己是杀了金人监己者，偷乘小船回来的。宋高宗第二天召见了秦桧。昏庸的宋高宗几年来被金兵打得如丧家之犬，得了严重的"恐金病"，一心要与金国讲和。此时宋高宗发现秦桧正是他与金国交往的桥梁，便升秦桧为礼部尚书，第二年升迁他为参知政事、宰相，要他主持与金国和议事。

• 千淘万漉虽辛苦，吹尽狂沙始到金 •

金国撕毁和议，继续分兵南下攻宋。宋将韩世忠、张俊和岳飞等人奉命出师，屡创金军。但是，宋高宗旨在议和，对岳飞要直捣黄龙府（治所今吉林农安县）的壮志深感不安。秦桧平时在朝廷里跟岳飞有摩擦，处处跟岳飞过不去，想办法陷害他。秦桧叫台官奏告高宗说，当今"兵微将少，民困国乏，岳某若深入，岂不危也？愿陛下降诏，且令班师"。于是，高宗一天之内，连发十二道金牌，诏令岳飞从前线班师回到临安（今杭州）。这样，中原地区得而复失，功败垂成。

1141年4月，秦桧奉高宗令，先是解除了韩世忠、张俊、岳飞的兵权，然后又诬告张俊的旧将张宪谋反，收买了张宪的部将王俊，伪造张宪谋反的证据，最后将所谓"十恶不赦"的一条又一条罪名，硬加在岳飞头上。狱成三字天地悲。年仅39岁的岳飞在大理寺狱中被害。和他一起被害的还有其子岳云和张宪。

秦桧在宰相任上，大发国难财。1140年，秦桧以为宋金战争中的将士预备犒赏为名，向百姓计亩征钱，将这批钱款中饱私囊。他还公开卖官鬻爵。秦桧家门庭若市，经常挤满了送礼的车子。各地运送贡献的黄金、白璧等奇珍物品，昼夜不绝，致使他的家产富比国库。因此，人们都极为痛恨他，就连"天下之儿童妇女，不谋同辞，皆以为国之贼"。

绍兴二十年（1150）正月，有一位殿前司小校施全，乘着秦桧入朝，手握斩马刀在众安桥下埋伏，砍断了轿子的立柱而被捕。施全被斩首示众时，围观的人个个摇头叹息。

秦桧背后拨弄是非，造谣离间，出卖同他共事的大臣；言语不多，却很毒，甚至以一语害人；一意孤行，排除异己，必欲置反对者于死地而后快。秦桧在自己不得意时，求助于范宗尹，靠他的引荐，使自

· 理政古鉴 ·
——从历史中汲取走向未来的智慧

已一步步高升。可是后来却过河拆桥，扳倒了范宗尹，取代了范宗尹宰相的位置。

秦桧"阴险如崖阱，深阻竟叵测"（《宋史》卷473《秦桧传》）。秦桧在南宋朝廷的威势之强，已经到了凌驾朝廷，凌驾帝王的地步。宋高宗赵构身边的贴身侍从和御医都是秦桧的耳目，宋高宗的一举一动都在秦桧势力的监视之下。宋高宗极度惶恐金国放归钦宗，因而畏惧金人，自然也畏惧金国的利益代表秦桧。"挟虏势以要君"，这是朱熹对秦桧的评价，也是事实。宋高宗每次上朝时都在靴中藏一把匕首，以防不测。

公元1155年10月，秦桧病重，宋高宗登门探视，实则是查看真假虚实。秦桧儿子秦熺狂妄不知深浅，奏请代居宰相位者。宋高宗气不打一处来，丢下一句："此事卿不当与。"说罢拂袖而去。在秦桧断气之前，宋高宗令人草诏，将秦桧祖孙三代全部免职。

当夜，秦桧病死。死讯传出后，"四方士民相欢庆"。高宗虽然加封他为申王，谥号忠献，但也不得不顾及群臣的奏章，罢免了不少秦桧的党徒，起用一批被秦桧所迫害的大臣。

【评　点】

司马光的《资治通鉴》中有句经典的话，犹如警钟回响于深邃的历史时空："自古昔以来，国之乱臣，家之败子，才有余而德不足。"为政最怕的是有才而无德。有才无德者，"智足以遂其奸，勇足以决其暴，是虎而翼者也，其为害岂不多哉！"

君子明智、谋事，小人奸巧、谋人。君子在小节上不是没有瑕疵，

• 千淘万漉虽辛苦，吹尽狂沙始到金 •

有时处理大事也有过失，但总是襟怀坦荡，想的是给百姓做事，使群众幸福，考虑如何推荐人才为事业添彩。小人的灵魂肮脏，心胸狭小，脸皮很厚，无才而不进取，论政绩和人格都不行，承受着双倍的痛苦：别人的成功和自己的失败。正可谓：君子和而不同，求同存异，小人同而不和，互相利用。

小人通过溜须拍马，取得执权者的信任。一个人如有谄媚之色，就丢掉了朗朗人格，就不能称其为大写的人。西班牙塞万提斯有句名言："小狗穿了麻纱裤，就不认自己的伙伴了。"比喻势利小人一旦改变了身份，便得意忘形，目中无人了。小人不讲信用，重利轻义，不顾礼义廉耻。小人谁得势就依附谁，利用别人权势提升自己地位；谁失势就舍弃谁，没有使用价值了，就不再亲近，或一脚踢开，或对有知遇之恩的人反咬一口。

秦桧在岳家军中埋伏间谍，诬陷并杀害了岳飞，制造了一起人神共怒的千古冤狱。

靖康之耻时，汴梁（又称汴京）被金军围困，宋钦宗亲至金营献上降表，汴梁破城。徽、钦二帝为金军所虏，囚于五国城。康王赵构南逃，于应天府即位，为宋高宗，任秦桧为相国。秦桧早就降金，并于1130年作为奸细派回，因其极力主张议和，被赵构倚为左右手。

宋高宗赵构与秦桧这一对昏君奸臣在卖国乞降、认敌作父、摧残爱国力量、迫害抗金英雄岳飞等罪恶活动中，沆瀣一气，臭味相投。宋高宗因秦桧议和有功，赋予他极大的权力，由他独任宰相19年，并加封他为太师，举凡朝廷的内政外交全由秦桧做主。

岳飞功勋最高、功劳最大。赵构忌惮岳飞的功劳，岳飞会不会挟兵权而威胁他的帝位？赵构很担心。

绍兴九年（1139），金兀术撕毁和议，再次进犯南宋，被岳飞所率岳家军大败。宋军乘胜进军朱仙镇，距汴京仅45里，收复中原仅一步之遥。宋高宗担心如果岳飞取胜，可能尾大不掉，功高震主，倘若钦宗还朝（当时徽宗已死），自己的天子地位可能动摇，于是连下十二道金牌，命令岳飞班师。岳飞一回到临安，即被解除兵权，旋即被秦桧网罗"谋反"罪名下狱。秦桧之所以要杀岳飞，一是秉承金人旨意；二是对赵构要杀岳飞之意心领神会，摸透了赵构的内心；三是岳飞不仅梗阻和议，而且和秦桧过不去，不肯陷害韩世忠。

前有结怨于宋高宗、秦桧，后有金兀术言称"必杀岳飞而后可和"，岳飞终以"莫须有"之罪被杀。

宋朝宰相张浚初次见到秦桧，觉得他言辞刚正，表情严肃，认为这个人一定正派，便起用了他，结果铸成了千古大错。张浚的教训就在于以言貌取人，并没有了解秦桧的本质。

宋代的奸臣有好几个：王钦若、丁谓、蔡京、秦桧、丁大全、贾似道，而其中最贪婪、最狡猾、罪恶最大的莫过于秦桧。

秦桧在宰相任上，前后独掌大权达19年。他公开卖官鬻爵、敞开大门纳贿，以至家产富比国库。他还捏造罪名，残忍地打击不肯听他指挥的人。为了一己之私，秦桧谗言献媚，一句"莫须有"，断送了中原的大好河山。

人们都极为痛恨秦桧，就连"天下之儿童妇女，不谋同辞，皆以为国之贼"，"一时道路以目"。秦桧最终没有好下场。岳飞墓前，秦桧等人被铸成铁像，反剪双手，长跪于英雄的墓前，天天受世人的

千淘万漉虽辛苦，吹尽狂沙始到金

唾骂，真是弄权一时，凄凉万古。清初一位松江女子参拜岳坟后，写了一副对联被刻在岳坟门楣上："青山有幸埋忠骨，白铁无辜铸佞臣。"连白铁都为奸臣秦桧铸像而羞耻，极言奸佞之无耻。一位姓秦的人写道："人从宋后少名桧，我到坟前愧姓秦。"

"莫须有"三个字，是秦桧的一大发明。这个发明让多少暴君与独夫雀跃不已。因为他们仅凭怀疑、揣测就能把异己和反对派置于死地，造成中国历史上数不清的冤狱。

近人徐自华说："饥餐胡虏悲歌壮，念切君亲怒发冲。宰木至今无北向，空怜顽铁铸奸凶。"清朝时，演出秦桧陷害岳飞的戏时，多次发生观众上台把饰演秦桧的演员打倒之事。

那些正派之人、耿介之士，付出太大代价，却遭诽谤、"放逐"，乃至被陷害致死，常常仰天长叹或饮恨九泉。正如刘禹锡所言："莫道谗言如浪深，莫言迁客似沙沉。千淘万漉虽辛苦，吹尽狂沙始到金。"

宋高宗赵构是乱世之君，有知而无志，性情偏狭、自私、阴险、狡诈。他对宋室并无太多责任意识，他对子民亦无关爱之情，竟欣然而坦然地做金主的侄皇帝。

元代史臣批评宋高宗，"偷安忍耻，匿怨忘亲"。宋高宗贪恋帝位，认为北伐若成功，将会影响皇位的安定性；若不幸失败，则将蒙受亡国被杀的危险。于是他乞求偏安南宋小朝廷，与金朝达成和议，而不以抗金大局为重，置抗金英雄岳飞于死地，自毁长城避免不了外族亡宋的命运，恰恰应了"偏听生奸，独任成乱"的古训。

· 理政古鉴 ·
——从历史中汲取走向未来的智慧

■ 狱成三字天地悲,东窗秘语终教泄。吁嗟乎!千载而下长恶名,榜罪阶前跪霜雪。

——〔清〕吉明

■ 无论狐狸多么狡猾刁钻,摊上照样有狐狸皮售卖。

—— 英国格言

惟诚可以破天下之伪，惟实可以破天下之虚

◎ 一切罪恶的背后，都可以看见欺骗和谎言或浓或淡的阴影。贾似道靠裙带关系起家，爬上权力的顶峰，把持南宋理宗、度宗两朝朝政，独揽朝纲。他没有指挥才能，更无作战勇气，靠的是耍手腕——瞒和骗。满朝文武懦弱是真，贾似道忠勇却是假，最后落得个人人唾弃的可耻下场。

贾似道出生于南宋时期的官宦之家。年少之时，继承其父贾涉的私生活放荡不羁之习，是个泼皮无赖，轻浮浪荡，经常夜宿花街柳巷，还沾染了赌博恶习。

其生母胡氏被贾涉遗弃，嫁给石匠。他怕母亲改嫁影响自己在社会上的声誉，便设计让石匠去长江上经商，然后雇人将石匠淹死在江中，再把胡氏接回。

贾似道同父异母的姐姐被选进宫，不久就深得宋理宗的宠爱，被封为贵妃。贾氏多次向理宗吹耳边风，说她这位弟弟如何如何贤能，于是贾似道得以攀龙附凤，步入朝臣之列。

· **理政古鉴** ·
——从历史中汲取走向未来的智慧

贾似道被提拔为太常丞、军器监,考取进士后更为理宗看重。他自此凭着皇帝的宠信,流氓习气不改,有恃无恐,行为愈加放荡——聚众赌博,出入妓院,挟妓游冶。尤其是在西湖之上,他的游船最大,歌伎最多,在夜间游湖时,灯火最明处肯定有贾似道的身影。

宋理宗曾经在夜间登高观景,远远望见西湖之中灯光照耀,就对左右侍从说:"这必定是贾似道一行在游乐吧!"第二天询问,果然是这样。

有一次,贾似道带着诸姬在西湖上游玩,恰见两个英俊小伙子。有个美姬见状倾慕之余脱口而出:"美哉!二少年。"过了一会儿,贾似道令人捧出一只盒子,唤诸侍妾观看,打开盒子,只见里面装的是那美姬头颅,吓得那些侍妾魂不附体。

1259年,蒙古军大举进攻南宋。贾似道为右丞相兼枢密使,手握重兵,受命领兵驰援鄂州(今武汉武昌),负责长江防线。他被蒙古军的攻势吓破了胆,暗地里派人向忽必烈求和,"请称臣,输岁币",被忽必烈拒绝。由于蒙哥汗战死合州(今重庆合川区)城下,忽必烈急于北归争夺汗位,无心恋战,乃答应了贾似道的求和请求:划长江为界,南宋向蒙古称臣,每年向蒙古纳银20万两、绢20万匹。

贾似道在蒙古兵撤退时,派大军杀俘170多人,然后向朝廷伪报捷,说经过苦战,已解鄂州之围,打得蒙古军一败涂地。宋理宗深信不疑,激动不已。接着,贾似道笼络朝臣,既让他们不明真相,又让他们封锁消息。这样一来,贾似道就成了国家的栋梁、抗蒙的英雄。

贾似道让门客编写《福华编》,把他的"鄂州军功"吹得天花乱坠,还亲自编了《奇奇集》。他在书中无耻地写道:"古人用兵,当数曹

• 惟诚可以破天下之伪，惟实可以破天下之虚 •

公阿瞒最神，似道解鄂州之围，系曹公显灵，点拨似道，才得以取胜。鄂州大捷，救国救民，实乃又一官渡之战也！"朝廷上下以致百姓都被他蒙骗一时。宋理宗甚至亲写诏书称赞他说："隐然殄敌，奋不顾身，吾民赖之而更生，王室有同于再造。"

正当贾似道大肆宣传自己的功绩时，忽必烈派使节郝经南下，来催要岁币，贾似道十分恐慌，便派人把元朝使节关押起来，封锁消息。

贾似道怕左丞相吴潜揭穿他的把戏，就想把吴潜整倒。他竟在吴潜的姓上打坏主意，指使门客作一道歌谣散播民间："大蜈蚣，小蜈蚣，尽是人间业毒虫。夤缘攀附有百足，若使飞天能食龙。"过了些日子，贾似道便上奏宋理宗说，有一民谣对陛下不利，宋理宗对吴潜心生厌恶之情。

紧接着，贾似道又以吴潜反对立赵祺（qí）为太子为名，离间吴潜和宋理宗、太子的关系，并诬告他在抗击蒙古兵时举措不当，以致败绩。宋理宗下诏嘉奖贾似道，削去吴潜的左丞相之职，贬至循州（今广东龙川）。在流放途中，贾似道密使人将他毒死，除去了心腹之患。

趁此时机，贾似道又利用朝廷中反对董宋臣、丁大全的情绪，把专权的宦官和其他外戚权臣一一除掉，在宋理宗执政后期，他独揽大权。

贾似道当政期间，也采取了宦官、奸佞之徒蛊惑皇帝的传统方法，即为皇帝搜罗美女艺伎，引诱皇帝纵情享乐。宋理宗认为贾似道外能御蒙古兵，内能治百事，又能劝己享乐，真是再好也没有了。

1264年，宋理宗死，度宗即位。度宗沉湎酒色，懦弱无能，又是贾似道一手扶持而称帝的，对贾似道感激涕零，封其为太师，称他为"师臣"而不直呼其名。贾似道每次上朝，度宗都要答拜还礼，后来，他干脆累月不朝。

宋理宗刚入葬，贾似道便故意辞官，弃官隐居，然后让自己的亲信吕文德诈报蒙古大军南下入侵。宋度宗立即召集众臣，商量出兵抗击蒙古军之事，没想到满朝文武竟没有一人能提出御敌之策。宋度宗心惊肉跳，请回贾似道，把大权交给了他，纵情享乐去了。

贾似道在极短的时间内，把朝廷上下全换成了自己的亲信，赵宋王朝实际上变成了贾氏的天下。有一次，百官在朝堂议事，不知出于何由，贾似道忽然当着度宗的面怒斥百官："要不是我的提拔，你们这些人，哪里会有今天的位置！"俨然把自己看成太上皇。

有淫君也有淫臣，贾似道之淫亦不在宋度宗之下。宋度宗把父皇的宫女据为己有，贾似道居然借宋度宗的宫女侍宴侍寝。宋度宗为害一宫，贾似道则为害四方，方圆几十里内稍有姿色的妇女几乎被他淫遍，甚至连尼姑也不放过，不亚于淫君陈后主、隋炀帝、金海陵王。

宋度宗无度，酒色伐性，在35岁时忽然病死。贾似道立年仅4岁的赵㬎（xiǎn）为帝，宋理宗皇后谢道清以太皇太后身份垂帘听政。贾似道依然擅专朝政。

两个月后，忽必烈大举灭宋，南宋兵败，贾似道溃逃。朝野一片震恐，群臣都上书揭露贾似道的真实面目，请斩贾似道。太皇太后谢氏迫于舆论，将他免职，贬到循州安置。

德祐元年（1275），这个以"朝中无宰相，湖上有平章"出名的贾似道，终于被抄家、罢官、贬逐岭南。

待出发时，随从贾似道的侍从妾女尚有数十人。负责押送的县尉

• 惟诚可以破天下之伪，惟实可以破天下之虚 •

郑虎臣将他们全部逐走，且夺其宝玉，撤其轿盖，使贾似道暴露于秋日之下。押至福建漳州时，监送官郑虎臣说："吾为天下杀贾似道，虽死无憾！"遂将贾似道杀掉，结束了他恶贯满盈的一生。

贾似道死后不久，南宋京都临安被元军占领。三年后，南宋灭亡。

【评 点】

权势熏天、欲壑难填的贾似道，是南宋政权这个腐败机体中生长的一个毒瘤。他的贪酷、荒淫、误国，都是在皇帝的庇护下进行的，既说明了南宋封建统治集团的没落，也加速了南宋王朝的灭亡。

"黄金台上麒麟阁，混一元勋是贾生。"《宋史》将贾似道列入《奸臣传》中。鲁迅说过："中国人的不敢正视各方面，用瞒和骗，造出奇妙的逃路来，而自以为正路。"无论假话、骗术、招法多么机巧，也弥补不了不诚实的缺陷。注入水分必然浮肿，掺杂使假必然失真，捣鬼有术必然心虚，虚伪的巧诈肯定要输在不老实上。

谎言是失败者的墓志铭。谎言一旦被人识破，就会声名狼藉，为人所不齿，后世子孙还背上骂名，直至多少年后都难以洗脱。"误国正须忧大厦，覆师宁忍驾孤舟。"度宗去世以后，元军入侵，身为主帅的贾似道弃军先逃，结果全军覆没，激起朝中大臣的愤慨。这个只为一己身家之利而不惜出卖人格的奸人，这个南宋王朝最后一个奸相，被削职流放，于福建漳州木棉庵被监送官杀死在厕所里，成为历史的笑柄。

刘伯温认为，采用不正当手段骗取名誉的人，会有预测不到的祸患；窝藏隐埋暗昧之事的人，会有预测不到的祸害；经常忖度他人、

· 理政古鉴 ·
——从历史中汲取走向未来的智慧

诡计多端的人，有预测不到的祸患。如何避祸呢？刘伯温提出：诚实不欺，心胸坦荡，与人为善。

在交往中，人们总是喜欢诚实可靠的人，而厌恶、痛恨口是心非、虚伪阴险的人。心中藏着巧诈，心灵就不会纯洁，道德就不会完美。蔡锷说过："惟诚可以破天下之伪，惟实可以破天下之虚。"呼唤诚信，就是对"真善美"的礼赞和讴歌；坚持诚信，就是对"假丑恶"的抵制和鞭挞。

人们讨厌逢场作戏、用一个谎言来掩盖另一个谎言之人，忌讳口是心非、虚情假意、自以为聪明者之流，厌恶极端自私、到处骗人之辈。只要你平时言语诚恳，真心善待，一定会赢得他人的信任。纸总是包不住火的，狐狸总有露尾巴之时。经常编造一些子虚乌有的故事，当面装人、背后装鬼，时间长了，就会形成对任何人都能随口说假话的习惯性"条件反射"，人们总有一天会认清你的本来面目。就像《狼来了》的故事中的孩子，会因随意的谎言而付出惨重的代价。

贪官在公众前总是以人民公仆的面目出现，实际上却是个伪君子。为了干那些见不得人的事情，弄假学历证书、假身份证、假护照，用假名字，当腐败行为露出了马脚的时候，又编造出各种各样的假话，企图蒙混过关。

《中国纪检监察报》报道，全国畜牧总站协会工作处正处级干部、中国畜牧业协会秘书长、全国城市贸易联合会副会长沈广，贪污公款1482万余元，被开除党籍、开除公职。他的"双面人生"逐渐暴露在世人面前。

"他还是很节俭、很严格的一个人。""在单位工作时，是很尽

· 惟诚可以破天下之伪，惟实可以破天下之虚 ·

心敬业的领导。""是个工作狂。"这是曾经的同事对沈广的评价。"我这个弟弟特别优秀。"这是沈广的姐姐对他的评价。沈广表面上对自己要求非常严格，给人的印象是聪明、能干、稳重，实际上却是一个伪装得很巧妙的贪官。

历史和现实都表明，大至一个国家、一个民族，小到一个地区、一个团队，如果缺失了"诚信"这个道德的基石，面临的将是事业的衰败和生存的危机，将会造成颠覆性的灾难，其危害远比沙尘暴、厄尔尼诺所带来的自然灾害更可怕。

老子有言："敦兮其若朴，旷兮其若谷，混兮其若浊。"——应像未经雕琢的素材那样敦厚质朴，像深山幽谷那样空豁开广，像浊水那样浑朴淳厚。用大拙常常能破大巧，用大诚常常能破大伪。在官场，急功近利、玩弄权术、钩心斗角时有发生，因而真、善、美显得尤为珍贵。

■ 戎马掀天动地来，襄阳城下哭声哀。平章束手全无策，却把科场恼秀才。
——〔宋〕无名氏

■ 一个人到了不能再骗自己的时候，他也就不能再活在世上了。
——〔俄国〕屠格涅夫

善恶到头终有报,只争来早与来迟

◎ 历史上任何朝代,有一个规律:昏君身边必有奸臣。明朝中叶以后,昏君竞出,司礼太监的权势极大。《明史·严嵩传》说:"嵩无他才略,惟一意媚上,窃权罔利。"皇帝昏庸,严嵩窃居权要,是导致各种内忧外患的关键因素。

严嵩,明世宗(嘉靖皇帝)时的宰相,是历史上的一大奸臣。他25岁考中进士,步入仕途。他原来只是翰林院的小官,凭着不顾廉耻地阿谀谄媚、见风使舵,以及善写祷祀青词,屡屡升迁,一直做到一人之下的首辅,荣耀程度达到人臣之极。

明世宗朱厚熜是明朝第11位皇帝,是个昏君,崇信道教,却不遵守道教"清心寡欲"的教规,而是后宫嫔妃、宫女数千,过着荒淫无度的生活。

他酷信方士,祈求长生,劳民伤财。他用摧残少女的手段,获取炼药原料,即强迫160名少女吃药,使她们经血过频过量,以给皇帝炼"先天丹铅"。当时史学家王世贞作宫词记述此事:"两角鸦青双箸红，灵犀一点未曾通。自缘身作延年药，憔悴春风雨露中。"

由于明世宗的残酷压迫，宫女杨金英等16人在一天夜里趁着明世宗熟睡时，企图勒死明世宗，但最终失败。

政治荒废和纲纪不振，给阴谋家、野心家提供了机会。明世宗"顺我者昌，逆我者亡"，任免大臣以撰写青词的好坏为标准。所谓青词，即用朱笔写在青藤纸上、上奏天神的表章。世宗每日斋醮，以求长生不老。当时斋醮需上献青词。严嵩的青词在颂扬上天的时候，同时拍世宗皇帝的马屁。他假装自己信仰道教，在家中设立道教堂室，供奉玄像，还把皇帝赐给自己的香叶冠笼上轻纱，以示虔诚。世宗得知甚喜，提升严嵩为武英殿大学士，辅佐皇帝处理国家大事。明世宗20多年不见朝臣，成了一个颇为滑稽的方外痴人，大权尽归严嵩之手。

忘恩负义，过河拆桥。明世宗初年，严嵩的同乡夏言出任礼部尚书，后又进入内阁担任首辅，是明世宗治国的左膀右臂。为了向上爬，严嵩在豪迈有俊才的夏言面前装得恭谨有加，竭力取悦。有一次，他置酒宴邀请夏言到自己家做客，遭到夏言拒绝后，严嵩拿着请束，长跪在夏言府前，求请年龄比他小的夏言到他家中赴宴。

此事之后，夏言以为严嵩真心诚意尊重自己，于是将严嵩视为知己，多方替他引荐。1536年，夏言进入内阁，严嵩升迁为礼部尚书，连升数级，位达六卿之列。

严嵩有个奸猾机灵的儿子严世蕃，仗着父亲的权势，官至工部左侍郎，在公卿大臣之间横行霸道，每日拥娼抱妾，与狐朋狗友在家里纵酒，没有一点儿高官素质。他结交恶徒，拉拢同党，不断扩大严家的势力。父子俩在朝中狼狈为奸，制造许多冤狱。夏言准备揭发严世蕃的罪行，严嵩父子非常恐惧，便在夏言榻下长跪不起，哭泣谢罪，夏言才作罢。

夏言不满世宗崇信道教，不穿戴世宗赐给他的道教服饰。严嵩不顾夏言将其一手提拔起来的恩情，诬告夏言有轻慢犯上之罪。世宗本来就对夏言有些不满意，闻言暴怒，竟将夏言革职，赶出朝廷。严嵩仍不罢手，散布谣言，说夏言被革职后怨恨不已，于是世宗派人将夏言斩首。

排斥异己，陷害忠良。严嵩总是找机会挑拨激怒明世宗，借世宗之手杀人，或者借考察官员之机排斥异己。不少仗义执言参劾严嵩的官员纷纷遭到迫害。御史叶经曾上疏弹劾过严嵩大受贿赂之事，严嵩怀恨在心。

严嵩入阁第二年，叶经主持山东乡试，在策问中有道关于边防的论题。世宗看了以为语含讽刺。严嵩便马上叫人逮捕了主考官，又向世宗密言："这事实际上是御史叶经主使的。"世宗马上降旨，将叶经杖打八十，叶经受杖重伤而死。

严嵩为打击异己，甚至不惜谎议边事，陷害战将，手段毒辣。鉴于鞑靼部不时侵扰，嘉靖二十六年（1547），曾铣率兵出塞袭击取得胜利。鞑靼又来谋犯边界，严嵩便乘机指责曾铣轻开边衅，虚报军情，诬告曾铣袭战掩败不奏，克扣军饷，欺瞒朝廷。世宗下令逮捕曾铣，最后将曾铣斩首，妻儿流放两千里。

当时最为天下人痛恨的是严嵩杀害沈炼、杨继盛。锦衣卫沈炼掌握了严嵩父子的贪鄙奸恶，残害忠臣，并导致鞑靼军入侵，京师被困，生灵涂炭等罪行之后，就上疏指斥严嵩父子奸行，要求世宗"去此蠹国害民之贼"。一向拒谏护短的世宗接疏后大怒,下诏将沈炼廷杖后贬谪保安。

沈炼到保安后,老百姓知道他是为揭露严嵩而被贬谪的,就请他当老师。沈炼向他们教以大节,还扎了三个草人,比作李林甫、秦桧、严嵩,作为靶子练习射箭。严嵩知道后,捏造罪名将沈炼杀害。

公元1553年,时任兵部员外郎的杨继盛上疏世宗《请诛贼臣疏》,弹劾严嵩,大胆揭发其十大罪状、五大奸宄(guǐ),条条都有真凭实据,一时间震动朝野。严嵩气急败坏,在皇上面前挑拨诬陷。皇上大怒,把杨继盛下狱治罪。杨继盛受重刑昏死过去,醒来毅然用碎碗片刮去腐烂的肉,露出筋骨。狱卒在旁边掌灯,看见这情景心惊肉跳,两手发抖,手中的灯几乎倒了,而杨继盛却强忍疼痛,镇定自若。

杨继盛在狱中关了3年,将临刑时,杨妻张氏上书,情愿代替丈夫死。严嵩扣压下奏书,没有呈给皇帝,将杨继盛斩首。杨继盛此时年仅40岁。他在临刑前慷慨赋诗道:"浩气还太虚,丹心照千古。生平未报国,留作忠魂补。"天下人都流着泪传颂这首诗。张氏同日自缢而死。"玉熙事事堪惆怅,碧血何时化紫泥!"——杨继盛等正义之士的血何时能唤醒皇帝,换来惩治严嵩的诏书啊!

贪污受贿,豺狼成性。世宗执政后期的20多年中,沉迷于求道成仙,不接见朝臣。严嵩不仅操纵国事、杀害忠良,还贪赃枉法,他在任期间,侵吞了朝廷60%的军饷。

严嵩的儿子严世蕃奸猾机灵,很得世宗欢心,当时有"大丞相、小丞相"的说法。严嵩父子倚仗权势,招财纳贿,结党营私,朝中官员的升迁贬谪,不是根据本人的贤愚廉贪,而只凭他们对严嵩父子贿赂的多寡。大批朝臣投靠在严嵩的门下，有 30 多个官员做了他的干儿子。由于严嵩柄政，一手遮天，朝政腐败，财政濒临绝境，国家已经到了几乎不能支持的地步。

严嵩对下代为签发"票拟"（即代皇帝批复朝臣和外官的疏奏），并让儿子代为签发"票拟"，利用权势招财纳贿以中饱私囊。文武官员的提拔，不论有没有才能，只看交多少钱财来决定官职大小。礼部员外郎项治元，贿赂严嵩 13000 两白银而升任吏部主事。工部主事赵文华，因贪赃被贬出京为州判，后亦以重金和认严嵩为干爹的卑鄙行径，重返朝中复任旧职。

每天到严嵩府上行贿的人络绎不绝，严家因此成立了专门收礼、登记、存放、处理礼物的"一条龙"体系。严嵩父子大肆收受贿赂，搜刮民财，珍宝器物不计其数，好多省份都有大量的房产与地产，家财可与皇帝比富。

自称"任他燎原火，自有倒海水"的"独眼龙"严世蕃，一次喝醉后口吐狂言："朝廷不如我富。"他光小老婆就有 27 个，"粉黛之女，列屋骈居，……朝歌夜弦，宣淫无度"。据说他就是《金瓶梅》中西门庆的原型。

专权使人变成鬼，脱离专权使鬼变成人。严嵩被明世宗重用，专权 20 年，势倾朝野，作恶多端，天怒人怨。

内阁中有一个善于迎合帝意的大臣徐阶，是严嵩的同僚。徐阶以其人之道还治其人之身：练就写青词的功夫，得到世宗赏识。徐阶以机智过人、应变有方的策略与严嵩周旋，"阳柔附之，而阴倾之"。徐阶终于得到一个好机会——世宗居住的永寿宫着了一场大火，徐阶提出尽快修复的规划，深得世宗欢心，自此逐渐取代了严嵩在世宗心目中的位置。

徐阶跟道士蓝道行做了一个周密的计划，联合扳倒严嵩。有一天，世宗向蓝道行问起国家兴衰大事。蓝道行就摆开阵势作了一阵法，得出结论说："严嵩父子弄权。"此时世宗也对严嵩有所不满。此后，弹劾严嵩的人越来越多。

徐阶见时机到来，就密使御史邹应龙上疏。在朝堂之上，邹应龙侃侃而谈，历数严家父子的种种罪恶。他在奏折最后说："臣言如果不错，就请让严嵩等人退休，或者杀之以谢天下，或者斩严世蕃的人头悬挂在百尺高杆上，作为臣子不忠不孝的警示。臣所言如果失实，请斩臣的首级向严嵩、严世蕃谢罪，作为天下万世的谏官欺君罔上的警示。"世宗决意罢免严嵩，勒令回乡，把严世蕃发配雷州。

严嵩垮台后，被抄家，抄出黄金3万余两，白银200多万两……一代奸臣严嵩，穷困潦倒，靠乞讨为生。1567年，曾聚财无数的严嵩竟饿死在别人的坟墓旁。同年，明世宗归天，奸臣佐昏君，两人同年而死，落得千古骂名。一个时代落幕了，明朝走向衰退，最终沦于大清铁蹄之下。

【评 点】

历代的君主中，真正宵衣旰食、勤政爱民的并不多，而大多数或迷恋于声色犬马，或沉溺于醇酒妇人，只要不危及自己宝座的稳固，他们乐意将权力交给他们所亲信的大臣。

历史上任何朝代，有一个规律：昏君身边必有奸臣。明朝中叶以后，

· 理政古鉴 ·
——从历史中汲取走向未来的智慧

昏君多出,司礼太监的权势极大。皇帝昏庸,严嵩专权,掌政不善,是导致各种内忧外患的关键因素。

明代取消宰相职位,设内阁大学士辅佐皇帝,因而大学士又称为辅臣。严嵩是明代嘉靖年间的谨身殿大学士兼吏部尚书,在内阁是首辅,位极人臣,手握重权,权势炙手。严嵩一生受嘉靖皇帝宠信,主要在两个方面,一是严嵩善于拍皇帝的马屁,把他的才华用来写"青词贺表",博得了皇帝的欢心;二是严嵩也确有行政才干,嘉靖皇帝认为用严嵩做内阁首辅来控制中央政府的运转是一个合适的人选。严嵩在晚年时,由于过于专横跋扈,引起群臣怨愤,后来皇帝对他也不满了。嘉靖四十一年(1562),他被皇帝致休(强迫退休),他的儿子严世蕃也被捕入狱,不久被斩,随后又被抄家,严嵩气病交加,死于荒郊野外。

严嵩在历史上开创了一种政客型治政模式:政客没有任何政见或道德原则,他唯一的工作就是揣摩君主的脾气与心理,然后投其所好,奉承拍马。《明史·严嵩传》说:"嵩无他才略,惟一意媚上,窃权罔利。"严嵩并无特殊才干,更没有韬略,唯能拍马逢迎,博取欢心,而窃居权要,当政20多年。

奸贼在皇帝面前往往是以忠臣的面孔出现的,总是显得比谁都忠于皇帝。嘉靖素喜舞文弄墨,常与严嵩谈论诗文。严嵩借此机会,大加颂扬嘉靖皇帝的"功德"。得到皇帝宠信后,便仗势欺人,无恶不作。

严嵩充分掌握"黑"字诀,不择手段、玩弄权术、排斥异己,确有独到之处。嘉靖年间的名臣夏言与严嵩是江西同乡,由于需要个帮手,才将严嵩提拔为礼部尚书。对于提拔自己的夏言,严嵩表现了他奴仆般的柔顺，对夏言言听计从，媚态可掬，赢得了夏言的好感。可严嵩是一个政治野心极大的人，他先是取得了夏言信任，然后找了个罪名，奏告世宗，对夏言加以诬陷，致使夏言被罢官、被逼死。

贪官大都深谙"关系学"。严嵩在排斥同僚的同时，极力培植死党，安插亲信，掌握机要部门，以固权势，骑在对手的头上。正是："蝉翼为重，千钧为轻；黄钟毁弃，瓦釜雷鸣。"

为反对严嵩弊政，许多忠臣志士进行了前赴后继、不屈不挠的斗争，也有不少志士献出生命。时势造英雄，英雄也会影响时势。徐阶很讲究斗争策略，是一位韬光养晦、出奇制胜的谋略家。徐阶处理朝政，既光明正大又善施权术——对皇帝更加恭谨，"以冀上怜而宽之"，对严嵩"阳柔附之"，觅得时机之时，不轻易放过，因而出奇制胜。

尝将冷眼观螃蟹，看你横行得几时。善恶到头终有报，只争来早与来迟。得人心者多助，失人心者寡助。严嵩父子倚仗权势，贪污纳贿，鱼肉百姓，作恶甚多，引起群臣怨怒，终于得到应有的惩罚。由于父子二人自恃有权，不把任何人放在眼里，得罪了嘉靖皇帝宠信的道士蓝道行。蓝道行利用为皇上占卜的机会，借神灵之口说严嵩是奸臣。明世宗深信道士的话，有意罢免严嵩。徐阶看准时机，不早不晚，指使御史邹应龙向明世宗上奏弹劾严嵩父子，终于一击即中，扳倒了严嵩父子。

坏事做绝的严嵩，最后靠乞讨为生，以致饿死。同其他自掘坟墓的佞臣一样，严嵩结果悲惨，遭罢官、削籍、家产入宫。家资巨万亦乃身外之物，严嵩当年敛财时可知终局？

· 理政古鉴 ·
——从历史中汲取走向未来的智慧

■ 十载钤山冰雪情，青词自媚可怜生。彦回不作中书死，更遭匆匆唱《渭城》。

——〔清〕王士禛

■ 谄媚明明是毒药，但它的芬芳仍然使人陶醉。

—— 英国格言

事极必反，反正不远

◎ 明朝后期，皇宫内的太监多至10万人。明末太监魏忠贤不仅仅是无才无德，他更野心觊觎至高无上的皇权，擅权乱政7年，将宦官恶政发展至顶峰。他掌权期间媚上欺下，迫害异己，安插亲信，势焰熏天，使朝廷无干臣，边疆无良将，百姓无宁日，败坏了官场和国家的风气，直接导致17年后明朝的灭亡。

魏忠贤做太监以前是个无赖，好吃懒做。有一次他赌输了，被两个债主逼着还账。他听说当太监能享福，便阉割了自己，改名入宫中当差。

他凭着花言巧语，与年深资久的大太监魏朝攀同姓同宗，结为兄弟。魏朝是魏忠贤入宫时的引荐人，常在主持宫事的上司面前夸奖魏忠贤。

魏忠贤又极力取悦另一个地位特殊、与魏朝关系亲密的女人——朱由校的乳母客氏，凭他魁伟身材和花言巧语，得到了客氏的好感，趁机将魏朝挤了出去，自己与客氏"对食"（伪夫妻）。两人如胶似漆，

理政古鉴
——从历史中汲取走向未来的智慧

密不可分。

魏忠贤与客氏勾搭之后，客氏疏远了魏朝，于是魏朝与魏忠贤产生了尖锐的矛盾。后来魏忠贤将这个对他有大恩大德的结拜兄弟赶出宫去，在凤阳途中将他绞死。

朱由校性情柔弱胆怯，对客氏十分依恋，几乎百依百顺。1620年，朱由校登基，即明熹宗。客氏被封为奉圣夫人，魏忠贤升为司礼监秉笔太监。

王安是深得明熹宗信任的太监，明熹宗有意封其为掌印太监，王安表示辞谢。熹宗听信魏忠贤和客氏的谗言，把这一职位封给魏忠贤的爪牙王体乾。魏忠贤又唆使朝中私党参奏王安，把其降职到南海子净军，不久又派心腹把他杀了。这样，魏忠贤排除了自己篡权过程中的最大障碍，夺取了宫中大权。

魏忠贤与客氏联手害死了许多妃子。他们得知张皇后有了身孕，就暗中下药，害其流产。他们多次设计陷害张皇后，但未能得逞。

随着权力的增大，魏忠贤开始培植自己的势力。其爪牙遍布内外，有"五虎"（专给魏忠贤出谋划策的），"五彪"（专门替魏忠贤捕杀异己的），"十狗"（也是为魏忠贤出坏点子的），"十孩儿"（魏忠贤的干儿子），"四十孙"（魏忠贤的干孙子），时人称之为"阉党"。

许多朝廷的新任官员，丧失了廉耻，都争相巴结、投靠魏忠贤。不到一两年时间，魏忠贤就认了100多个干儿子。只要有人来送重金，他统统笑纳。当然，他卖给来人的是官职，于是赃官成了廉士，无赖成了心腹。几年之内，魏忠贤结成势力很大的"阉党"，倒魏的声浪也随之日益高涨。

• 事极必反，反正不远 •

1624年，副都御史杨涟上疏，罗列魏忠贤二十四大罪状，包括拟旨内批、玩弄权术、剪除异己、兴狱滥刑等内容，要求把他交刑部严讯以正国法。杨涟的奏疏掀起反对魏忠贤专权的高潮。一两个月内，弹劾奏章百余道。

1625年，魏忠贤兴大狱，以汪文言一案为口实，捏造罪名，将反对自己的东林党首领杨涟、左光斗等人下狱，施以酷刑，与杨、左同时遇难的还有4人，时称前六君子。接着又有7人因排魏而被害，时称后七君子。魏忠贤镇压大批东林党人后，趾高气扬，更加专权。

谄媚魏忠贤的人竞相比赛，呼他"九千岁""九千九百岁"，毁掉民房2000多间，为他在各地建造生祠。朝中诸事都得经魏忠贤之手，方能办理。魏忠贤的亲戚也因魏而官高禄厚，有的甚至在襁褓中就得到封官。

魏忠贤及其党羽的种种恶行和暴行，引起官吏和百姓的不满。当时北京流传民谣："委鬼当头坐，茄花遍地生。"委鬼是个魏字，即指魏忠贤；茄花指的是客氏，因为客字发音近茄。又有"八千女鬼乱朝纲"之民谣。

魏忠贤权势的无限制发展，也导致了他的灭亡。1627年8月，明熹宗病逝，时年23岁，因为无子，遗命17岁的五弟信王朱由检继承帝位。朱由检对魏忠贤等人厌恶已久而不流露。魏忠贤曾送花给他以试探其态度，他也都收下，不卑不亢。魏忠贤等人摸不透他的心思。

崇祯一即位，便下令客氏出宫，不准再给魏忠贤造生祠。许多官员上疏揭发魏忠贤。崇祯既不压制也不支持，于是又有人交章论劾魏忠贤。阉党内部开始分化。

· 理政古鉴 ·
——从历史中汲取走向未来的智慧

崇祯在宫内生活到17岁，颇知魏忠贤一伙的罪恶。他即位后，不敢轻举妄动，沉着观变，暗中布置力量。1627年，崇祯皇帝传旨"魏忠贤凤阳安置"。魏忠贤一离朝，弹劾他的奏疏如雪片般飞至崇祯案前，魏忠贤的党羽没敢动手，于是崇祯又发旨，逮魏忠贤回京法办。魏忠贤自知罪孽深重，意识到末日到了，当夜悬梁自尽。正是："事极必反，反正不远。"

【评　点】

在中国封建社会，皇帝至高无上，享有最大的特权，"溥天之下，莫非王土，率土之滨，莫非王臣"。但在实际政治生活中，皇帝又不可能事必躬亲，总要将一部分政务与权力委于臣下。如果君主昏庸无能，什么事都不管，只顾自己享乐，对国家大事不负一点责任，极易出现君权旁落、奸臣窃权的局面。

年年岁岁劝善，岁岁年年有恶。凡是奴性越强的人，一旦翻身掌权，一定是趾高气扬凶神恶煞。一帮伺候皇帝和妃子的阉人，手持令箭，那威风可想而知。宦官的贪虐横暴，比起外戚来更厉害。宦官大都出身于门第低的家庭，本人又是刑余之人，所以他们对权势、财富的欲望十分炽烈。

唐朝的宦官势力很猖獗，在唐朝的后期成为政治上的一大弊病。宦官不仅掌握禁卫军的兵权，而且常常被派出制军，凌驾于将领之上。国不像国，家不像家，怎么能不逐步衰败？

唐代宗除掉了宦官李辅国，却犯下了更大的错误——他把军权交给了另一个宦官鱼朝恩。就这样，大唐帝国失去了一次遏制宦官之祸

• 事极必反，反正不远 •

的好机会，宦官控制了禁卫军，成了宫廷内最有势力的群体。

北宋王朝在立国后上百年间，没有出现宦官专权、外戚专权、权臣专权的问题，除了朝廷明文规定不许宦官、外戚干政外，对文武大臣在权力上划分明确，经常进行变动，就是宰相也常可上可下，从而使大臣们没有成为权臣的条件。

宦官专权，始于明英宗时的王振。王振为官狡诈，因得英宗宠信，权势益炽，门庭若市，跋扈不可制，干预朝政，蛊惑皇帝，专权祸国7年，大明王朝由强转衰。在土木堡一战中，王振被愤怒的士兵杀死，英宗被瓦剌俘虏。正是："前车倒了千千辆，后车到了亦如然。"

宦官专权，到明朝达到顶峰状态。明朝后期，皇宫内的太监多至10万人。明末太监魏忠贤以小忠小佞、谄媚溜须，博得主上信任，进而勾结客氏，利用职权结党营私，排斥异己，还自称"九千岁"，终成一代大奸，干尽了坏事。

魏忠贤有着极强的权力欲，他所觊觎的是至高无上的皇权，擅权乱政不过7年，却能将宦官恶政发展到了顶峰，几乎成为实际上的君主。迫害异己，安插亲信，势焰熏天，使朝廷无干臣，边疆无良将，百姓无宁日。

本来士大夫一直是道德、节操与正义的化身，这时在权势的利诱与压力下也一分为二。谄媚魏忠贤的士大夫们不知廉耻，自认为魏忠贤的干儿孙，并竞相比赛，呼他为"九千岁""九千九百岁"，与皇帝只差一小步了；为魏忠贤一窝蜂地建造生祠，拥戴魏忠贤配享孔庙。仅开封建祠，就毁掉民房2000多间，生祠遍于各地。一大批趋炎附势、不顾廉耻的官僚，靠巴结魏忠贤而爬上高位，形成了一种风气，昭示

· **理政古鉴** ·
——从历史中汲取走向未来的智慧

了腐朽的明王朝寿终正寝。

皇帝搞家天下是公开的,而魏忠贤搞家天下是在暗地里进行的,后者的危害也是很大的。清代王顼龄《魏忠贤衣冠墓》云:"熹宗之朝阉寺乱,不数弘恭与石显。门下谁非谒者儿,朝中半作貂珰犬。吁嗟气势真回天,茄花委鬼相钩连。杨左诸贤一网尽,镇抚狱底尸骈肩。"

《政鉴》一书说:凡是有宠可恃的人,必然有某种资本,或者和权势人物有特殊关系,或者立过大功,或者具有为权势者所赏识的特殊才能。但是官场的事情是三十年河东,三十年河西,有资格施给你恩宠的人在不断变化,或者他本人失去权势,你失去倚恃的靠山,或者他的情趣变化了,喜好转移了,你所倚恃的资本贬值了,你的恩宠就衰弱了。

作恶多端,必然招致恶报。魏忠贤虽然权势浩大,但他作恶的最重要条件是以昏庸皇帝为靠山。一旦这个靠山倒了,他也站不住脚了。中书舍人吴怀贤在怀念杨涟等"六君子"时说过:"事极必反,反正不远。"果不其然,崇祯即位后,干净利落铲除了魏忠贤,阉党也随之覆亡。东林党人的正义得到了伸张。

崇祯皇帝在处置魏忠贤时表现出一定的才略。然而,尽管他日夜辛劳,废寝忘食,也无力挽救即将倾覆的大明。

■ 独喜左杨崇庙食,春来一曲奏神弦。

——〔明〕周同谷

■ 傲慢是一种得不到支持的尊严。

——〔法国〕巴尔扎克

谗邪之所以并进者，由上多疑心

◎ 崇祯帝励精图治，却又刚愎自用、反复无常，排除了阉党，但仍然信任宦官。他有极重的猜疑心，且很愚笨，外中皇太极的反间计，内惑于阉党余孽的流言蜚语，冤杀了名将袁崇焕，"自毁长城"，照比刘秀、赵匡胤差之远矣。

明朝崇祯皇帝朱由检（1611—1644），自幼生活在宫中，目睹了许多险恶的政治斗争。崇祯帝的父亲是光宗，在位只一个月即死去，崇祯帝的长兄朱由校即位。明熹宗朱由校在位7年。崇祯帝原来被封为信王，只因明熹宗无子，便继承了皇位。这时，明王朝立国已近三百年，颓势已成，天下多事。

明朝自永乐之后，鲜有有作为的帝王。崇祯帝从明熹宗手上接过千疮百孔的大明王朝，知道江山来之不易，勤于王政，生活也不奢华。亲政之初韬光养晦，采取怀柔和麻痹权臣的策略，使得政权根基"稳固"，然后干净利落地除掉魏忠贤及其阉党，其计划之缜密，手腕之娴熟，行动之迅速，足可见崇祯帝的智谋。

崇祯在位期间面临内忧外患的双重夹击：内忧是烽火连天的李自成暴动，外患是东北崛起的后金政权。就像一头驴面对左右两只狼，它对付左边那只狼时，右边的狼就咬它。

崇祯励精图治，革弊立新，但最终落得个亡国自缢的可悲下场。究其原因，除了"大势已倾，积习难挽"之外，主观原因，是刚愎自用，不善用人，最大失误是因猜忌而错杀袁崇焕。

崇祯宵衣旰食，表面给人一种绝无昏庸淫乐之君的样子，其实没有雄才大略。他疑心颇重，不断变换选才标准。曾用出题测试的办法考查廷臣，拘泥于文论，不能考出真实水平，甚至给奸巧之人弄假作弊提供了条件。后来他又改为从六部和地方大员中各选一人入阁，采取平均主义凑数办法，结果人非其才。

崇祯采用枚卜的方法决定内阁成员，先让廷臣推荐一批候选人，然后"贮名金瓯，焚香肃拜，以次探之"，决定人选与次序，这在一定程度上也说明皇帝已失去判别人才决定人事的能力，更谈不上知人善任。在这种心存疑惑、无所适从的状态中，崇祯一朝的阁辅大臣走马灯似的轮换。内阁与六部，始终没有出现一位杰出人物。崇祯掌权17年中，阁臣50多人被更换，更换之频，前所未有。

崇祯皇帝的一个战略性错误酿成无可挽回的损失——因猜忌错杀了袁崇焕。

袁崇焕容貌儒雅，却刚强英烈，善于用兵。他凭着永不衰竭的热诚，一往无前的气概，带出一支死战不屈的精锐之师。在东北边关吃紧的危急时刻，袁崇焕单枪匹马来到了山海关。面对上司的撤兵命令，他

• 谗邪之所以并进者，由上多疑心 •

表示可"死在这里，决不入关"。袁崇焕于1622年到达宁远（离山海关200多里）卫戍，用一年时间修造高高的城墙，成为关外抗击后金最主要的防御工事之一。

1626年，清太祖努尔哈赤率军13万攻宁远城，受炮伤只得躺在车中郁郁而回。努尔哈赤无往不胜，唯独在宁远吃了大败仗，伤病交加，数月后死去。努尔哈赤死后，他的儿子皇太极即位。皇太极所向披靡，唯独在宁远城下徒唤奈何。他说："我打了43年仗，没有攻不下来的，独不克宁远一座孤城。"

1628年，崇祯帝任命袁崇焕为兵部尚书，令他负责指挥整个河北、辽东的军事。1629年，皇太极率军绕过袁崇焕的防线突袭北京城。袁崇焕千里驰援，在北京城外同后金军激战，局面得以扭转。

然而，京师里的人并未因此而感激袁崇焕，反而认为这是袁崇焕将后金军放入关内。崇祯帝便开始怀疑袁崇焕了，认为他是拥兵自重，要挟制自己。

皇太极是一位求贤若渴、善待降将的马上帝王。由于多种原因，皇太极对袁崇焕充满了仇恨，军事上打不赢，就在政治上设法除掉袁崇焕。

自幼熟读《三国演义》的皇太极，决定采用"蒋干盗书"之反间计——派人捕捉两名明宫太监杨春、王成德，然后故意让两人听见后金军士兵之间的"耳语"："袁崇焕已与皇太极订有密约，勾结起来攻取北京……"第二天，姓杨的太监趁敌人"疏忽"跑出来，一溜烟跑到城内，把这些话报告给了崇祯皇帝。

疑心很大的崇祯听了太监的报告，加上对袁崇焕以前一些行为的不满，立刻召他进宫，不容分辩而拘捕入狱。

　　皇太极得到消息后，为了确保并不高明的反间计成功，彻底置袁崇焕于死地，就放出风来，说袁崇焕已被捕，无法里应外合，下令撤军。

　　袁崇焕蒙受了不白之冤，一些将士非常寒心，纷纷出走。崇祯认为这更证实了袁崇焕的罪名。朝臣中有人上奏认为袁崇焕一向尽忠报国，不可能与后金勾结，要求慎重处理这件事，但崇祯坚信自己的判断不错。朝中原来的阉党残余也趁机诬陷，一些糊涂昏聩的大臣也随声附和，都说是天意使叛徒的阴谋暴露，避免了北京沦陷。

　　到了第二年，崇祯帝下令把袁崇焕处死，造成千古奇冤！袁崇焕功高招忌，忠而见诛，刑前，他口占一绝，表达了这位令八旗铁军胆寒的名将最后的遗憾和眷恋：

一生事业总成空，半世功名在梦中。
死后不愁无勇将，忠魂依旧守辽东。

　　百姓不知内情，以为敌人到北京是袁引狼入室，在袁崇焕赴刑场时，纷纷扑上去咬他的肉，直咬到内脏。还有人花钱从刽子手那里买肉来吃，咬一口骂一声汉奸。据说吃到袁崇焕的肉，能治疗胆怯的毛病，还能证明自己是真正的炎黄子孙。袁崇焕的肉价格很高，一钱银子一片。这时的人们竟然忘记了他带9000人千里驰援，当然更忘记了他的诗句："杖策只因图雪耻，横戈原不为封侯。"一代名将、一代忠臣袁崇焕死于自己的同胞手中。他的母亲、弟兄、妻子，被充军千里之外。

• 谗邪之所以并进者，由上多疑心 •

崇祯帝刚愎偏执，轻信敌人反间计，还自作聪明，以为除了内患。天下正直者都明知其冤。直到后来清太宗皇太极去世，其实录中记录了他施反间计的过程，真相才彻底大白。

李自成义军入北京时，崇祯帝来到皇宫前殿，亲手鸣钟召集百官，竟无一人入朝。崇祯帝黯然失神，自知大势已去，由太监王承恩搀进后花园，竟无一大臣跟随左右。农民起义军即将攻破京城，崇祯帝看来难逃一死，于是写下遗书："然皆诸臣误朕。朕死，无面目见祖宗，自去冠冕，以发覆面，任贼分裂，无伤百姓一人。"无可奈何地在歪脖树下上吊了。他至死时也没有认识到自己的过错，而把国破的主要原因推过于他人。

【评 点】

《老残游记》有言："天下大事，坏于奸臣者十之三四；坏于不通世故之君子者，倒有十分之六七也。"偏执型的人，一般都具有强烈的自尊心，并十分敏感，固执己见，自命不凡。此外，一个人格偏执的人，往往伴有偏信、偏见、偏好、偏激行为，易将错误推脱给他人。

出现失败，如果不吸取教训，又与固执联姻，悬崖也不勒马，会败得更惨。正如荀子所言："迷者不问路，溺者不问遂，亡人好独。"

"人莫不刚愎自信，刚愎自信，即是自绝。"（曾国藩）——人都喜欢固执己见，不听劝告，这样就是自取灭亡。"吾无面目以见子胥也。"——春秋末期吴王夫差刚愎自用，不听伍子胥之见，分不清奸忠，死时悔之晚矣。

《菜根谭》有言："毋偏信而为奸所欺，毋自任而为气所使。"

理政古鉴
——从历史中汲取走向未来的智慧

不要偏听偏信，以免被坏人蒙骗；不要刚愎自用，以免被个人感情所驱使。明代刘基有言："谗不自来，因疑而来；间不自入，乘隙而入。"谗言是因为对某人产生怀疑而来；离间的话是乘着你和某人之间产生裂痕而生。日本有句格言："猜疑是败事之本。"美国思想家潘恩说："猜疑是卑鄙灵魂的伙伴。"

崇祯帝即位之初，在两个多月的时间里，凭借着自己的果敢与机警，一举铲除了以魏忠贤为首的阉党势力，赠恤天启朝遭迫害的杨涟、左光斗等正直之臣，为东林党人辩冤，并起用有谋略的良将袁崇焕总督辽蓟抗击后金，举国上下拍手称快，明朝也确实出现了一丝中兴的曙光，然而毕竟只是一闪而逝。

公元1644年4月25日，李自成率领农民军打进北京城，34岁的崇祯皇帝自缢于景山，临死时只有一名太监跟随左右，可谓凄凉至极。明朝的灭亡，原因是多方面的。但是，崇祯皇帝在用人方面的一再失误，不能不说是一个十分重要的原因。古人在用人之道上一再重申，所谓用人不疑，疑人不用，而崇祯帝却恰恰犯了这样的用人大忌，最突出的事件便是袁崇焕的被冤杀。

崇祯帝也想用人才，但不"知人"，不善明察，无识才之眼，无用人之明，无择才之策，更无爱民之心，且有一般人不及的愚笨，刚愎自用，认为自己的判断永远正确，又有着极重的猜疑心。

袁崇焕是明末少有的能够认清敌我双方优劣的、头脑清醒的军事统帅。他临危受命，打了个扭转败局的大胜仗，史称"宁远大捷"，次年又取得"宁锦大捷"。皇太极使反间计，造谣袁崇焕与后金密约在先，故意引后金军入关。崇祯帝对袁崇焕的信任经不住如此挑拨，

谗邪之所以并进者，由上多疑心

在打退后金军队4天后，崇祯帝召见袁崇焕等将领，将袁拿下。到了第二年，崇祯帝下令把袁崇焕处死，造成千古奇冤。这不是皇太极有超人的聪明，而是崇祯帝有愚不可及的笨拙。

崇祯帝重用将相，又怀疑将相，听信谗言，结果外中皇太极的反间计，内惑于阉党余孽的流言蜚语，违背许诺，冤杀了抗金名将袁崇焕，"自毁长城"，铸成大错。此后辽东战局遂陷入一片混乱，辽东防务再无人可以收拾。后来清朝史臣谈论此事，认为崇祯"年少昏聩"，误杀忠良。"自崇焕死，边事益无人。"（《明史》）从此后金的兵锋所至"如入无人之境"了。对于冤杀袁崇焕，后世史家一致认为，崇祯皇帝的性格弱点——多疑、寡恩、刚愎自用，断送了明室江山。"自坏长城慨今古，永留毅魄壮山河。"（康有为）

正是："宫中不辨蒋干语，市上轻抛岳武贤。边事无人堪倚重，煤山有难始知谗。"猜忌大臣，自毁长城，至死不悟用人之重大失误，可悲可叹也！

用人不疑，是重要的用人原则，而不疑的真义是委托。在用人者疑人与被用者被疑这对矛盾中，用人者是矛盾的主要方面。"谗邪之所以并进者，由上多疑心。"本来应当信任的人，应当与之同舟共济，却无故不相信、猜疑，只会使自己陷入困境。苏轼说得好："物必先腐也，而后虫生之；人必先疑也，而后谗入之。"明代张居正说："毋摇之以毁誉。"不要轻易被舆论的褒扬贬斥所左右。

培根说："猜疑的根源产生于对事物的缺乏认识，所以多了解情况是解除疑心的有效方法。"当年竖刁常在桓公面前诋毁管仲，桓公并不昏庸，不听他的挑拨和诽谤，任用管仲而不疑，顺利地使齐国强

理政古鉴
——从历史中汲取走向未来的智慧

大起来。

司马光在《资治通鉴》中强调，明主必须重视纳谏，国之栋梁的大臣必须善谏。他强调："过者，人之所必不免也；惟圣贤为能知而改之。……为人君者，固不以无过为贤，而以改过为美也。""君恶闻其过，则忠化为佞，君乐闻直言，则佞化为忠。"即使帝王也会有过失，只要改过就是好事。

■ 心匪不仁计则穷，减夫派饷事重重。可怜三百年天下，断送忧勤惕厉中。
——［清］萧正模

■ 猜疑之心犹如蝙蝠，它总是在黑暗中起飞。
——［英国］培根

立掀天揭地的事功，须向薄冰上履过

◎ 李自成领导的起义军，英勇善战，南征北讨，纪律严明，推翻了明王朝。李自成却陷入了一种胜利者的盲目喜悦中，开始沉迷声色，终激起了天怒人怨……他没有真正想过如何治理国家，在政权建设、军队建设、建国治国方面拿不出任何方略。

神州犹记闯王事，乾坤风雨壮士悲。李自成（1606—1645），陕西米脂人，明朝末年农民起义军首领，大顺政权的建立者。李自成武艺精湛，具有较高的指挥才能。

明朝末期，阶级矛盾日益尖锐，天灾人祸不断发生。李自成领导的明末农民起义，积小胜为大胜，进京前已拥有起义军过百万，于1644年正月，在西安正式建立了农民政权，"闯王"改称"大顺皇帝"。

1644年，李自成率兵攻进北京城。那些骑在老百姓头上的地主老爷，都失去了往日的威风，一个个狼狈逃窜。崇祯皇帝急命百官上朝，鸣钟许久，不见一人上朝。他等了一会儿，一个人影也没有，宫门外已响起起义军的喊杀声。在位17年的崇祯皇帝彻底绝望了，登上煤山（景山），吊死在一棵老槐树上。享国 276 年的明王朝，终于被李自成领导的农民起义推翻了。

李自成进城后，坐到崇祯皇帝的龙椅上。大顺政权一面发布告示安民，一面将明朝的贵族、官吏、宦官抓起来投入监狱，用严刑追缴他们贪污的赃款，充作军饷，还杀了一些罪大恶极的权贵。

攻占北京后，大顺政权有了一个好的局面。但是，起义军进城后，内部发生很大变化，许多将领犯了严重错误。

以丞相牛金星为代表的起义军将领，不仅纵情声色犬马，还趁机结党营私，扩大自己的特权。牛金星本为李自成重要谋士李岩推荐来的，是李岩的好朋友，但此时，牛金星把他视为政治对手。牛金星密告李自成说，李岩有异心。李自成不辨忠奸，妄杀李岩等人，致使人心离散。牛金星在起义军内部的挑拨离间、造谣中伤及其他破坏活动，引起了起义军的严重分裂。

以权大将军刘宗敏为代表的农民将领，不能抵制金钱酒色的诱惑和侵蚀，腐化得极其迅速。此人仗着功劳极大，又与李自成情同手足，强横之极，一到北京就"挟妓"取乐⋯⋯

有的将领搜抄明朝库藏金银，任意捕捉殴打权贵，"腰缠多者千余金，少者亦不下三百、四百余金，人人有富足还乡之心，无勇往赴战之气"。有些将领在"追饷"、抢夺美女中，攀比享受，妻妾成群，身穿绫罗绸缎，招摇过市。

大顺政权此时全然沉浸在胜利者的狂欢中，完全忘记了自身所处的危机局势。正如郭沫若在《甲申三百年祭》所言："近在肘腋的关外大敌，他们似乎全不在意。山海关仅仅派了几千兵去镇守，而几十万的士兵都屯扎在京城里享乐。"

刘宗敏强占了吴三桂的爱姬陈圆圆（另一说法，李自成贪图陈圆圆的姝色秀容，想纳之为妃，命刘宗敏夺之），还把原明朝山海关守将吴三桂的父亲吴襄绑来拷打。此举得到了陈圆圆，逼反了吴三桂。

吴三桂原是明朝的武科举人，一生几乎都是在马背上度过，性情深沉刚毅，勇敢善战，在明末是"旧朝之重臣"，在清初乃"新朝之勋臣"。

李自成进攻山西，明朝廷提议将驻扎在宁远的吴三桂撤回山海关驻守，作为京都的防卫。李自成攻陷北京城，吴三桂徘徊于山海关内。

吴三桂准备归顺李自成，走到半路上听说自己最钟爱的女人陈圆圆被刘宗敏所夺，生死不明，十分忧急。他不顾江山为美人，拔剑掷案："大丈夫不能保一女子，何面目见天下人？逆贼如此无礼，我吴三桂堂堂丈夫，岂能降此狗子！此仇非报不可，不杀李自成誓不为人！"于是反旗东向，令军队回师，驻兵山海关。

"恸哭六军俱缟素，冲冠一怒为红颜。"吴三桂想到与关外的清军合作，虽然此前双方是战场上的对手，但此刻别无他法，也顾不了那么多。于是他派人出关，向大清朝廷乞师求援。当时正率军西征的清摄政王多尔衮答允了出兵相助，率兵到达山海关。

李自成亲领大军征讨吴三桂。山海关战役中，多尔衮让吴三桂打头阵，自己立马观看。吴三桂亲自上阵，与李自成的军队激战多时，被裹在了军中。突然狂风刮起，多尔衮催动数万铁骑从两侧冲来。李自成大惊，不禁失声叫道："这是清兵，如何到此？"慌了手脚，力不能支。李自成败退到北京，很快又退向西安。在清军和吴三桂的追击下，又向东南退却，力量损失严重。当李自成逃到湖北九宫山时，遭当地地主团练袭击，李自成战死。一场轰轰烈烈、推翻了明王朝的农民起义就这样失败了。

在吴三桂的帮助下，清军正式入关，定都北京。

【评　点】

李自成带领农民起义军推翻了腐朽的明王朝，但他驾驭全局的视野过于狭窄，不具有政治家的深谋远虑和综合才智，没有得天下、治天下的文韬武略。换言之，他善于破坏旧世界，却不具有使中国社会发生根本性变革的战略眼光，无力建设新世界。他在政权建设、军队建设、建国治国方面拿不出方略。

任何一位成功的政治家，身边都聚集很多优秀的人才，像韩信、萧何、张良之于刘邦，房玄龄、杜如晦之于李世民，徐达、刘基之于朱元璋……在李自成身边就没有这类统筹全局、能制定战略方针的一流人才。

李岩是李自成打天下的谋士。李岩编写了童谣"迎闯王，不纳粮"，在民众中广为传唱，跟随李自成起义的人越来越多。李岩之于李自成就像朱元璋拥有刘基一样。他主张进京后整肃军纪、笼络旧官、稳定人心。后来李岩向李自成提出重要建议：大局未定，登基之事，享乐之事，应在清除外患后再议；追赃影响军纪，必须停止；乘胜追击，稳定阵脚；山海关城战略地位非常重要，应以招抚为主，防止明室反扑。李岩还自请两万人马前往河南，平定叛乱事件，开辟反清的第二战场。

• 立掀天揭地的事功，须向薄冰上履过 •

可惜李自成没有采纳这些建议，丧失了良机。由于李岩和牛金星等人有矛盾，牛金星在李自成面前进行挑拨和陷害，李岩最终被李自成猜忌冤杀。李岩的被杀不仅是个人的悲剧，也是整个大顺军的悲剧。多尔衮在信中说："国家之抚定燕都，乃得之于闯贼，非取之于明朝也。"李自成内部集团的分裂，结果让早已对中原垂涎三尺的多尔衮"趁火打劫"，直捣京城。

为什么李自成没有成为"朱元璋第二"呢？在对待使用人才上，朱元璋比李自成要高明。朱元璋延揽刘基、宋濂、朱升等一流人才，而且善于培养和重用徐达等大将。李自成则逊色得多。刘宗敏、牛金星等文臣武将也只有"井窥之智"。从这一点看，他的失败也不是偶然的。

毛泽东对李自成的壮举给予很高的评价，从这个英雄人物身上获得了力量，对其失败原因也进行了分析。1944年，郭沫若为纪念李自成起义胜利三百周年，写了《甲申三百年祭》的政论性文章，全文1.9万字，3月19日至22日，重庆《新华日报》作了连载。该文歌颂李自成领导的是"规模大而经历长久的农民革命"，开创性地阐述了农民革命是推动历史前进的动力的唯物史观，着重分析了李自成农民起义军攻入北京推翻明朝后，若干首领腐化并发生宗派斗争，转而失败的过程和原因，同时也指出了李自成起义即使成功，"他们代表农民利益的运动迟早也会变质"的历史必然性。

毛泽东非常重视这篇史论，他于1944年4月12日在延安高级干部会议上和5月20日在延安中央党校第一部所作的讲演中，明确把《甲申三百年祭》列为党内整风的学习材料，他说："我党在历史上曾经有过几次表现了大的骄傲，都是吃了亏的。……全党同志对于这几次骄傲，几次错误，都要引为鉴戒。近日我们印了郭沫若论李自成的文章，也是叫同志们引为鉴戒，不要重犯胜利时骄傲的错误。"11月21日，毛泽东又致信郭沫若说："你的《甲申三百年祭》，我们把它当作整风文件看待。小胜即骄傲，大胜更骄傲，一次又一次吃亏，如何避免此种毛病，实在值得注意。"（《毛泽东书信选集》，人民出版社1983年版，第241页。）

经过多年奋斗，已经可以看见胜利的曙光，此时最需要注意的，是在即将到来的胜利面前，继续保持清醒的头脑，不可忘乎所以，避免重蹈在有利形势下因放松警惕终于失败的覆辙，李自成起义在这一方面有着惨痛的教训。这也是毛泽东重视《甲申三百年祭》一文的重要原因。

1949年3月23日，毛泽东率中央机关由西柏坡前往北平，对其他中央领导人说："今天是进京赶考。"周恩来在一旁接着说："我们应当都能考试及格，不要退回来。"毛泽东正色道："退回来就失败了，我们决不当李自成。我们都希望考个好成绩。"（李银桥、韩桂馨：《在毛泽东身边十五年》，河北人民出版社2006年版，第124页。）

1950年2月末，毛泽东访苏回国途中到哈尔滨、长春、沈阳考察工作，发现当地干部有铺张浪费、大吃大喝的问题，他严肃地说："这么吃起来，在人民群众中将会有什么影响？你们应重温七届二中全会精神。""我是不学李自成的，你们要学刘宗敏，我劝你们不要学。"

毛泽东深知打江山难，守江山更难。他对于那些贪图享受、居功自傲、脱离群众、贪污腐败的行为深恶痛绝，对那些违法乱纪、蜕化

• 立掀天揭地的事功，须向薄冰上履过 •

变质的党员干部，毫不手软，坚决惩处。1952年2月10日，刘青山、张子善被执行死刑，就是一个印证。

在中国革命即将取得最后胜利的关头和建立新中国之后，以毛泽东为首的共产党人，对李自成的失败引以为鉴，果然考出了好成绩，避免了李自成的悲剧重演。

■ 欲做精金美玉的人品，定从烈火中煅来；思立掀天揭地的事功，须向薄冰上履过。

——〔明〕洪应明《菜根谭》

■ 失败也是我需要的，它和成功对我一样有价值；只有在我知道一切做不好的方法之后，我才知道做好一件工作的方法是什么。

——〔美国〕爱迪生

人间随处有乘除,万事浮云过太虚

◎ 年羹尧、隆科多一武一文,堪称雍正帝倚重的"左膀右臂"。年羹尧曾辅佐雍正登基,春风得意,事业有成。年羹尧颇具才气、屡立战功,威震西陲,但恃宠骄纵,不知收敛自己,其莫大成功和惊天惨败,让人感慨、叹息。

年羹尧(1679—1726),少年时骄横傲慢,不爱读书,打跑了三个老师。他的父亲只得张榜招聘名师。几个月后,一位年过花甲的老先生来应聘。年羹尧跟老先生学拉胡琴,学吹胡笳,只学了一阵子,就失去了兴趣。

老先生在院子里练拳棒,年羹尧来了兴趣,央求老师教他拳棒。老师拿出一卷书交给他说:"你认真地读这本书吧!"年羹尧迷惑不解:"我学的是搏斗,读书有什么用?"老先生说:"学搏斗,不过是打败一两人,读此书则能打败千千万万个人啊!"从此他渐渐养成了读书的习惯。

年羹尧于康熙三十九年(1700)考中进士,曾任四川总督等职。

他在康熙五十七年（1718）参与平定西藏叛乱过程中，缉贼有术，平叛有功，深得康熙的信任。三年后被康熙皇帝晋升为川陕总督，成为清朝在西北最重要的官员。

由于年羹尧小时候在雍正家里待过，因而一直视雍正为他的主人。雍正成为皇帝，年羹尧起到了至关重要的作用。雍正一度视年羹尧为恩人，让年羹尧主管西北地区的军事民政，并在官员任命上常听年羹尧的意见。

可惜的是年羹尧从此放松了自我要求，自恃功高位尊，又有皇上做靠山，变得目中无人。他霸占了蒙古贝勒七信之女，斩杀了提督、参将多人，甚至蒙古公主见到他都要先跪下，引起群臣的愤怒和非议。

他甚至对雍正也不恭敬。一次在军中接到雍正的诏令，按理应摆上香案跪下接令，他却随便一接了事，令雍正很气愤。年羹尧擅自以"令谕"给同级的将军、督抚行文，语气模仿皇帝。他给属员之物也用"赐"这个字眼。

一些官迷心窍的人为了向上爬，想方设法给他送厚礼、献殷勤。他凭着个人好恶，提拔了不少不称职的人。而那些人升官之后，又总是携带重金去谢他，他也一概接受。仅此一项，年羹尧就收受白银40万两。

一些走私的大奸商，如果落在年羹尧之手，只要以重金行贿，也能大事化小，逃之夭夭。

年羹尧独霸一方，大肆贩卖食盐、茶叶等禁物，从中牟取暴利。他派人以低价买进各类马匹，然后以高价卖给所辖各镇军营。

年羹尧职高权重，但妄自尊大、违法乱纪、不守臣道，招来群臣的侧目和皇帝的不满与猜疑。1725年3月，出现了"日月合璧，五星连珠"的所谓"祥瑞"，群臣称贺，年羹尧也给雍正上贺表，称颂雍正夙兴夜寐，励精图治。但表中字迹潦草，又一时疏忽，将"朝乾夕惕"误写为"夕惕朝乾"，赞扬的话变成了大逆不道之言，雍正便以此为把柄，借题发挥。4月，解除年羹尧川陕总督之职，调任杭州将军。

年羹尧调职后，内外官员纷纷揭发其罪状。雍正以服从群臣所请为名，尽削年羹尧官职，并于当年9月下令捕拿他，押送北京会审。此后，给年羹尧开列了92条罪状，将他彻底打倒。最后雍正赐其狱中自裁。

【评　点】

谦卑是一种智慧，是为人处世的黄金法则。懂得谦卑的人，是懂得积蓄力量的人，会一次比一次稳健，必将得到人们的尊重。苏格拉底有名言："未经检讨反省的生命，是没有生存价值的生命。""我只知道一件事，那就是我一无所知。"大师的话浸透了人生的彻悟，放射智慧的光芒。

年羹尧乃将门之后，早期仕途一路顺畅，升迁很快。康熙年间，在参与平定西藏叛乱过程中，表现出非凡的才干，立过大功。后又拥立雍正帝有功，与隆科多堪称雍正帝的"左膀右臂"，都是新朝荣宠备至的人物。

年羹尧官海沉浮，在极短时间里大起大落，确实少见。他在自己得势时，不懂得功成之日必有身退之时，潮起必定有潮落，更不懂得"枪打出头鸟，高调惹祸端"，而是一味自恃功高、恃功骄横，气势凌人，

• 人间随处有乘除，万事浮云过太虚 •

专权跋扈之风日甚一日：赠送给属下官员物件，"令北向叩头谢恩"；发给总督、将军的文书，本属平行公文，却擅称"令谕"，把同官视为下属，甚至蒙古扎萨克郡王额附阿宝见他，也要行跪拜礼。

他还排斥异己，植党营私，任用私人，乱劾贤吏。凡是年羹尧所保举之人，只通知一下吏、兵二部，一律优先录用，不奏皇帝，号称"年选"（和吴三桂的"西选"、隆科多的"佟选"，并称"三选"），形成一个以年羹尧为首，以陕甘四川官员为骨干，包括其他地区官员在内的小集团，招来群臣的侧目和皇帝的不满与猜疑。

他不守臣道、辜恩负德，贪敛财富。年羹尧贪赃受贿、侵蚀钱粮，累计达数百万两之多。而在雍正朝初年，整顿吏治、惩治贪赃枉法是一项重要改革措施。在这种节骨眼上，怎能不凶多吉少，大祸加身呢？！

雍正赐死年羹尧之后，很是痛心，说："朕今深恨辨之不早，宠之太过，愧悔交集，竟无辞以谢天下，惟有自咎而已。"雍正还有一句话很是耐人寻味："大凡德可恃而才不可恃，年羹尧乃一榜样，终罹杀身之祸。"

春风得意马蹄疾，事业有成人向往，但得意时绝对不可忘形，得志时绝对不能太狂。年羹尧和隆科多同受宠信，又几乎同时被治罪，成了雍正朝初期最富戏剧性的事件。年羹尧的莫大成功和惊天惨败，让人感慨、叹息，为后人敲响了做人和为官的警钟。

《周易》说，龙飞到一定的高度就达到极点了，若继续向上飞，可能会招来灾祸，因为凡事过了头就不会长久。物极而必反，否极而泰来。因此，做人为官不可做绝，走向极端，"有福不可享尽，有势

理政古鉴
—— 从历史中汲取走向未来的智慧

不可使尽"。

当事业处于顶峰时期，当权势正隆之时，千万不要以为那是绝对不可动摇的、不会衰败的，不要总以为官职越多越好，头衔越高越荣。要以"人无千日好，花无百日红"提示自己，不可忘乎所以，不要贸然向前走。英国伯克说："权力越大，如不慎重，危险也越大。"要适可而止，该让就让。张弓不能过满，要留有余地。得意时莫忘回头，防止"过"与"不及"。

曾国藩深知"飞鸟尽，良弓藏；狡兔死，走狗烹"的道理，功高名大加剧了他的恐惧。一方面慈禧太后对他疑心重重，另一方面手下也的确有人想怂恿他夺取皇位，他只得处处小心行事。他还写了一首诗，劝诫他的弟弟："左列钟铭右谤书，人间随处有乘除。低头一拜屠羊说，万事浮云过太虚。"

诗的大意是说，得了皇上赏赐更要小心谨慎。我家中厅桌上左边摆着皇帝赐给的钟铭，右边陈列着攻击我有夺权野心的书信，为的是提醒自己不要居功自傲。一个人有功就有过，人世间的祸福得失是很难说得清楚的。还是虚心地拜古代的屠羊说为师吧，功过得失会像过眼烟云一样消失，又有什么值得计较的呢？

当你位高权重时，要节制欲望，不滥用权力，防止揽权现象，对下属少用或不用强硬的命令。当你取得成绩时，仍要谦卑抱朴，仍要有民主作风，仍要感谢他人，与人分享。这是自身修养的外在表现，是领导干部应有的道德素质。

• 人间随处有乘除，万事浮云过太虚 •

■ 平民肯种德施惠，便是无位的公相；士夫徒贪权市宠，竟成有爵的乞人。

——〔明〕洪应明《菜根谭》

■ 权力无限制，是不可能合法的，因为它不可能有合法的根源。

——〔法国〕孟德斯鸠

机关算尽太聪明，反被聪明误

◎ 和珅为人狡黠，善于逢迎，结党营私，挟私报复，为正直之士所不齿。他掌权20余年，排除异己，屡兴大狱，贪污风行，使世风为之一变。和珅是中国历史上有名的大贪污犯，囚在狱中写了不少感怀之诗，其中有"聪明反被聪明误"的慨叹……

和珅原名善保，字致斋，生于1750年，这时候乾隆当皇帝15年了。他19岁时参加科举考试，名落孙山。22岁时，被任命为三等侍卫（正五品）。26岁时，便爬上了军机大臣的高位。和珅处事机敏，出口成章，忠心诙谐，善于理财，长得眉清目秀，酷似俊俏的妙龄女郎，加上颇通礼仪，会献殷勤，深得乾隆帝的欢心和恩宠，进而多次提拔他。和珅的官位扶摇直上，在清朝296年（一说276年）的历史上是空前绝后的。

和珅得到乾隆宠信，还有另一种解释。《清宫遗闻》记载：乾隆做太子时，一次因事进宫，看到父皇雍正的一个妃子娇艳无比，正对镜梳妆，不禁想和她开个玩笑，于是从后面用双手捂住那个妃子的眼睛。妃子遂用梳子往后击打，正好打到了乾隆额头上，被他母后看见。她以为妃子调戏太子，将该妃赐死。乾隆觉得对不住这个妃子，就用朱砂在妃子的颈上点了一下，悲痛地说："我害尔矣，魂而有灵，俟二十年后，其复与吾相聚乎？"

后来，和珅入宫侍驾，乾隆越看和珅越像那个冤死的妃子，验其项颈，有一红色胎记。问其年龄，也与那妃子死去的时间相合，正是25年。于是乾隆认定和珅就是那位妃子转世，遂宠爱有加，处处袒护，使得和珅步步高升，以致权倾朝野，作威作福长达20多年。乾隆将要退位时，对和珅说："我和你有宿缘，所以像这样相处，后人是不会这样容忍你的。"

和珅青云直上的秘诀，还在于他善于察言观色，能恰到好处地讨好乾隆，唯皇上所欲是为。

有一次，和珅和许多侍卫一起护卫皇帝出宫。乾隆坐在轿中阅览边境呈送的军事情报，说有一个要犯因看管不严而逃脱，便诵了《论语》中的话："虎兕出于柙，龟玉毁于椟中，是谁之过与？"

侍卫们愕然不知所云，和珅应声道："典守者不得辞其责！"意思是"管这件事的大员负有推卸不掉的责任"！乾隆听了，十分高兴。从此，和珅深得乾隆的恩宠，成为皇帝身边的红人。

和珅善于拍马逢迎，摸透了乾隆的心理。乾隆处处以圣祖康熙为楷模，和珅就常常借歌颂康熙的威德，来赞颂乾隆的恩泽四海和武功盖世。一次，他听乾隆说到"上有天堂，下有苏杭"的话，就趁机向乾隆描述了江南的水光山色，还讲了康熙皇祖下江南的盛况。结果，乾隆决定效法圣祖巡游江南。和珅则在乾隆南巡途中，为成全他的风

理政古鉴
——从历史中汲取走向未来的智慧

流事、喜欢游乐、讲究享受，竭尽全力，效犬马之劳。

和珅主抓扩建圆明园和避暑山庄，供乾隆享乐。乾隆偶感风寒咳嗽时，他竟在金殿上为皇帝捧唾盂。乾隆喜欢黄金，他就建议乾隆建造万佛楼，让王公大臣和各级文武官员献金佛给皇上，借以敛财。乾隆喜欢谈文论史，对文史的整理工作很重视，经常亲自校勘刊印的二十四史，自誉无所不知。和珅就在抄写给他的书稿中故意抄错几个字，让乾隆一一指出来，以示天子的英明和学识渊博，借以满足乾隆的虚荣心。

乾隆对于贪污的现象很头疼，和珅说不用焦虑，我有办法。他挑选一个贪污得很厉害、后台不很硬的主儿，杀了或者办了，贪污的银子进国库，为乾隆赢得了廉政的美名。

乾隆晚年追求享受，为和珅聚敛钱财提供了可乘之机。和珅欲壑难填，利用一切机会中饱私囊。在理财聚敛方面，他是个非常出色的"高手"。以权谋私是和珅敛财的主要手段。全国各地以及外国给朝廷进贡，不论什么珍贵物品，都要首先经过和珅这一关。他竟胆大包天地扣留了他所喜欢的物品，将各省的贡品私吞了十之八九，以致和珅家中拥有的珍宝多出内宫好几倍。

那些趋炎附势之徒，为了稳坐官位和升迁，为了犯罪后寻求和珅的周旋保护，纷纷向和珅送厚礼。有的宗室子弟为了继承爵位，都要通过和珅向乾隆求情。

对于陕西抚台派人送来的20万银两，和珅连正眼也不看，只是吩咐听差勉强收下，因为嫌银两太占地面，没处存放。他愿收价值千金的珍珠。至若南方各省和海外诸国送来的珍宝，他总是设法据为己有，以致皇帝库里有的珍宝他有，皇帝库里没有的，他家库里也有。和珅的管家刘全，仗着主子的权势，家财也达20余万。刘全盖的房子，金碧辉煌，胜似王宫。

和珅倚仗乾隆这个后台，大权独揽，掌握着军权、财权和人事权，可以说是位极人臣，权倾朝野。他独断专行，利用手中的权力胡作非为，对弹劾他的正直大臣残酷迫害。

1786年6月，监察御史曹锡宝上书乾隆，要求查办刘秃子（刘全）。有人向和珅告密此事。和珅对此恨之入骨，连夜派人通知刘全拆毁房屋，转移钱财。乾隆命曹锡宝等人前往核查，却一无所获。曹锡宝因"诬告"而被罢官，两年后郁郁而死。

1780年，和珅出面弹劾云南总督李侍尧贪私，玩了一套贼喊捉贼的把戏。皇上命令他查办这件事。他从仆人口中逼出口供，严厉处治了李侍尧，并上报皇帝要求清理府、州、县财政亏空等问题，乘机又大捞一把。他还"因功"被提升为户部尚书。

和珅倚仗乾隆的宠信，劣行甚多，结怨天下，总有大臣想弹劾他。和珅采取斩草除根的办法，以绝后患。

一朝天子一朝臣。1799年正月初三，89岁的乾隆帝去世。为先发制人，嘉庆帝不惜在大丧之日动起手来：免去了和珅军机大臣、九门提督等职，夺取了他手中的兵权，并命他留在宫中守灵，不得擅自出入，实际上是将他软禁起来。接着，下旨发动大臣弹劾和珅，将和珅逮捕入狱。经查明，和珅掌权20余年植党营私、招权纳贿、欺君不敬，共有20条大罪状。

这些罪状的内容主要有以下几个方面：泄露机密，拉拢皇太子，

· 理政古鉴 ·
—— 从历史中汲取走向未来的智慧

抢拥戴之功；对乾隆皇帝大不敬；欺瞒军机要事，隐匿边报；专断军机处，把持户部；任人唯亲，所举非人；称和珅墓为和陵，园林房屋僭制，有谋反之心；大珠、宝石、珍珠物串都超过御用，衣货千万，金银财产不计其数；开当铺、钱店，与民争利；纵容家奴到处勒索，广置财产……

嘉庆在宣谕和珅罪状的诏书中，同时公布了查抄和珅家产清单。清单上列着惊人的数字：房屋2000余间，田地8000余顷，赤金5.8万两，银库内银元宝、京锞、苏锞共890多万个，珍珠、宝石、翡翠等首饰不计其数……按内务府的估计，和珅家产折合白银8亿两，超过了清政府10年收入的总和。

嘉庆赐和珅自尽，将其20条大罪状公布于世。为避免政坛风波，嘉庆帝宣布对能弃恶从善的和珅余党，一律免予追究。经查抄，和珅的全部家财被嘉庆直接收回。故民间流传着"和珅跌倒，嘉庆吃饱"的民谣。一个专权20余年的第一权臣、"二皇帝"，只在十几天便灰飞烟灭了。

【评 点】

乾隆后期清朝政治开始走下坡路，并逐渐导致国力衰落。乾隆晚年骄而怠政，"喜好歌功颂德，陶醉文治武功，生活奢侈，贪恋声色"，大清统治犹如江河日下，落日余晖。

和珅平步青云，官至宰辅，控制朝政长达20余年，擅权纳贿，贪赃枉法，网罗亲信，迫害异己，祸国害民。而此一切，均发生在乾隆时期。论仕途，和珅官运亨通，飞黄腾达，20多岁就进入清王朝的

• 机关算尽太聪明，反被聪明误 •

权力中枢；讲财产，他富可敌国，皇帝老儿也不如他自在。此人在不健全的体制中"成功"了，家世显赫，财源滚滚。但是，由于他目无法纪、贪得无厌、明目张胆地向京城和地方官员们索贿、受贿，榨取人民的血汗，终于因恶贯满盈，被钉在历史的耻辱柱上。

和珅囚在狱中写了不少感怀之诗。其中有"聪明反被聪明误"的慨叹，既流露了他身陷囹圄后的愁苦、无奈与一丝侥幸，也表明了他对幻想破灭后的哀叹。49岁被赐自尽，数亿家产被没收，真是竹篮打水一场空。

封建王朝的贪官污吏数不胜数，清正廉洁的好官却寥若晨星。仅明朝初的洪武九年（1376）这一年，就有一万余贪官被发配凤阳。和珅这样的超级贪污犯，是乾隆后期经济繁荣、政治黑暗的特殊产物。总督、巡抚权力过大，官员互相揭发督监的"奏折"制度失灵，道德堤防的全面崩溃，是贪风炽烈的重要原因。还有一个原因，皇帝不怕大臣愚蠢，不怕大臣贪污腐化，而怕大臣有叛逆之心。乾隆知道和珅没有叛逆之心，对他的贪婪也就睁一只眼，闭一只眼了。

贪官相继落马的严酷事实告诫我们：人一旦被贪欲支配了灵魂，心灵就会扭曲，人生观就会背离，价值观就会错位，会迷失自我，失去良知，失去做人的准则，导致人生目标的混乱和行为的腐败。万般罪错皆因贪欲而起，种种苦恼常由贪念而生，哪会善待人生、享受生活？和珅很聪明，很有才，如果他不那么贪，至少是个"治世之能臣"，也许会青史留名。可惜他太贪了，最终倒台，死在狱中，其结局是很可悲的。过多的贪欲不会得到幸福，得到的只能是遗憾和怨恨！

人生在世，当淡泊功名和利禄。淡泊是人格高尚的最高境界，是

· **理政古鉴** ·
——从历史中汲取走向未来的智慧

思想纯洁的重要体现。诸葛亮有句名言:"非淡泊无以明志,非宁静无以致远。"白居易的《问秋光》中有言:"身心转恬泰,烟景弥淡泊。"

习近平同志《之江新语》有言:"领导干部手中握着权力,权力用得好可以用来干大事,为人民谋利;用得不好就会被污水沾染,有时不知不觉之中就会陷入了'温水效应'之中。这样的教训是十分深刻的。领导干部一定要时刻保持清醒的头脑,时刻注意自重、自省、自警、自励,时刻注意自身的形象,干干净净地做人、踏踏实实地做事,真正做到为民、务实、清廉。"

党员领导干部对非分欲望要有淡泊之怀,清简素朴,少点私欲,珍惜名声,珍惜职位。时刻保持廉洁的心态,坚守廉洁的底线,珍视廉洁的操守,面对那些"身外之物",千万不要低下高贵的头。

人们往往容易记住"其兴也勃焉"的辉煌,而忘记"其亡也忽焉"的惕厉。一些领导干部原本优秀,有过辉煌的过去,然而还是没有挡住"金钱"和"人情"的侵染和冲击,由最初拒绝,到后来磨不开情面而半推半就,再到后来心安理得地收受贿赂,直至被查处,得到的只是锃亮的手铐、冰冷的铁窗、漫漫的刑期。

■ 凡人坏品败名,钱财占了八分。

——〔清〕史典《愿体集》

■ 从贪欲开始,就会在牢狱里告终。

——〔德国〕布莱希特

龙袍纵有新颜色,天国依然旧典章

◎ 太平天国"其兴也勃,其亡也忽",其速度之快和时间之促,是历史上罕见的。太平天国运动失败的原因,从主观方面而言,主要是领导集团在政治上提不出科学合理的纲领;定都天京后,为防大权旁落,洪秀全一反前期用人路线而"任人唯亲",形成一个排斥异姓的洪氏集团,使得后期政治日益腐败;军事战略上出现连续失误,使得自身力量逐渐耗尽。

洪秀全(1814—1864),广东花县人,太平天国的建立者。出身农家,曾受聘为塾师。三次考秀才未取,使他看到清政府的腐败,促使他同科举功名决裂,开始探索救国救民之路。

1836年,一个叫梁发的基督徒,送给洪秀全一本《劝世良言》。该书对洪秀全的思想产生了根本性的影响。他从中汲取了早期基督教义中的平等思想,创立了"拜上帝会"。

拜上帝会向民众宣传教义,并捣毁庙堂,同地主恶霸和官府做斗争,逐渐形成了由洪秀全、冯云山、杨秀清、萧朝贵、韦昌辉、石达

· 理政古鉴 ·
——从历史中汲取走向未来的智慧

开等人组成的领导核心。

1849年到1850年，广西发生饥荒，人民怨声载道。1850年，道光帝驾崩，20岁的奕詝登基，即咸丰帝，是清朝最后一位通过秘密立储继承皇位的皇帝。他被后人称为无远见、无胆识、无才能、无作为的"四无"皇帝。

1851年1月11日，洪秀全率众在广西金田村发动起义，建号太平天国。太平天国起义的时候，建国二百多年的清王朝已腐朽得不堪一击。起义军势如破竹、节节胜利，从广西一直打到南京，并把南京改称天京，定为国都，统治长江中下游广大地区。

1856年，太平天国在军事上和政治上达到了极盛时期。可是其领导人被胜利冲昏了头脑。洪秀全最关心的就是划分等级，明确身份，显示自己至高无上的权力。号称平等的太平天国社会里，等级制比任何社会都严，天王的威严神圣不可侵犯。

为了满足自己和弟兄们贪求荣华富贵的私欲，洪秀全颁登极诏书，大封将士，自6丞相至47500两司马，总计62699人，占太平军总数60余万人的十分之一。其中封王人数达到2700人。洪秀全的女婿钟万信、黄栋梁、黄文胜，同样受宠信，个个封王。这些"皇亲国戚"都不会打仗，不会办事，几乎个个贪暴凶横，粗鄙野蛮，胡作非为，在各地太平军中广被厌恶，众人对他们却又无计可施。"昭王"黄文英说，占领区不多的城镇，有王爵的人"多如过江之鲫"。洪秀全兄弟甩卖王爵，将搜刮合法化，大建王府，大搞腐败。天国完全没有章法、制度可言，滥封乱赏造成冗官冗员满布朝野、互相掣肘，"各持一军，势不相下"，争斗不止，攻伐不休。下层军民则不堪搜刮之苦，

• 龙袍纵有新颜色，天国依然旧典章 •

不胜负担之重，苦不堪言。

占领南京后，洪秀全首先营造豪华堂皇的天王府，并派人搜罗民间美女填充后宫。据《江南春梦笔记》载，洪秀全的嫔妃共计1169人。洪秀全从40岁进南京到51岁病故，在美女丛中度过11年，从未走出天京城门一步，既未上马杀敌，也不过问朝政，11年仅颁发25篇诏书，可见爱美人胜过江山。连曾国藩也感到奇怪："洪逆深居简出，从无出令之事。"洪秀全还虐待嫔妃，动辄打杀，到了伤天害理、灭绝人性的程度。

天王带头腐败，群王纷纷变坏。洪秀全为防大权旁落，任人唯亲，把顽劣龌龊的两兄洪仁发、洪仁达都封为王，委以重任；长子名为洪天贵福，12岁即以幼主名义发布诏书；其他三亲六故，统统为官为宦，把国事搞得一塌糊涂。陈玉成、李秀成等将领在外苦战，力撑危局，却得不到他的理解与支持，动辄大骂、惩罚。他还纵容洪仁发、洪仁达贪污勒索，垄断粮食，发国难财。

身居东王九千岁之尊位的杨秀清，在建都南京之后，和洪秀全一样逐渐封建化，被胜利冲昏头脑，恃才傲物，睥睨一切。有一次，洪秀全来到东王杨秀清的府中，杨秀清不但不出来迎接，怠慢无礼，而且诡称天父下凡，用神的威力凌驾于洪秀全之上，借天父之口问道："你与东王俱为我子，东王有大功，为什么只称'九千岁'呢？"逼洪秀全封他为"万岁"。

洪秀全明知是奸，但眼下势单力薄，自然事事忍让，表面应允："东王打江山有功劳，应当称万岁，世代子孙也应是万岁。"不过这只是缓兵之计。

· 理政古鉴 ·
——从历史中汲取走向未来的智慧

　　洪秀全密诏在外地的韦昌辉和石达开回来商议对策。密令韦昌辉等人伺机铲除杨秀清。过分追逐名利、追求享乐、任人唯亲等腐败行为，必然导致争权夺势乃至互相残杀，内讧分裂，"天京变乱"不可避免地发生了。

　　"乱离复乱离，到处心魄惊。"北王韦昌辉地位仅次于洪秀全、杨秀清，他为人奸险阴沉，表面上事事屈服于杨秀清，骨子里却包藏祸心。他深夜袭击东王府，杀死杨秀清，这就是天京事变。韦昌辉借机公报私仇，屠杀了杨秀清的家属、部下两万余人，又纵容部属抢劫东王府财物。

　　石达开责备韦昌辉杀人太多，劝阻他不要滥杀无辜。韦昌辉顿起歹心，要杀石达开。石达开连夜逃走，但疯狂的韦昌辉却把留在天京的石达开的妻子儿女和老母全都杀死。石达开逃至安庆，起兵讨韦。在这种情况下，洪秀全也责怪韦昌辉杀人过多，太绝情寡义了。韦昌辉不满，又想杀死洪秀全，他派士兵包围了天王宫，最终被擒，刑以尸解。经过这场内乱，太平天国的势力受到严重的削弱。当时流传一首歌谣："天父杀天兄，终归一场空，打起包裹回家去，还是当长工。"

　　石达开在金田起义后成为太平天国的翼王，坐第六把交椅，是太平军最优秀的统帅，以善战著称，在大小数百战中克敌制胜，所部又是太平军精锐。天京内讧之后，全朝都推举石达开总理政务。如果洪、石能合作得好，太平天国被动局面将会得到迅速扭转。然而，不幸的是，洪秀全任人唯亲，妒贤嫉能，对石达开不但不能体察大度，反而疑心重重，不肯重用，甚至有图害之意。

　　石达开为避免再次发生类似天京事变的事情，负气出走，带走太平军精锐 10 万余人，致使太平天国出现分裂局面。洪秀全为了克服危机，提拔了陈玉成、李秀成等一批将领，重新组建了领导核心。

1863 年 6 月，曾国藩率领湘军控制了长江北岸后，向太平天国军步步紧逼。洪秀全没有采纳李秀成"让城别走"的建议，反而严责李秀成，说自己有天兵天将帮助，是不会失败的。1864 年，洪秀全在曾国藩湘军的隆隆炮声和后宫粉黛的嗟怨声中，因病身亡。他死后 48 天，天京沦陷，天国灭亡。

【评 点】

自从秦末陈胜辍耕之垄上以后，历代都涌现出大大小小的草莽英雄和绿林好汉。洪秀全领导的太平天国运动是规模最大的一次农民战争，历时 14 年，烽火燃及 18 省，创建了使清廷闻风丧胆的军队和政权，沉重打击了晚清王朝的统治。

鸦片战争以后，清政府被迫签订了一系列不平等条约，丧权辱国，割地赔款，广大农民生活更是难以为继。大规模的农民起义陆续爆发，洪秀全领导的太平天国运动就是其中之一。

封建时代的农民起义总是以蓬勃的气势为起点，而以过程中的内部溃败告终。太平天国一开始很重视人才。洪秀全任人唯贤，使太平军领导层团结一致，各有所用，把农民战争推向最高峰。

"英雄正气存，有如虹辉煌。思量今与昔，悠然挺胸膛。一言临别赠，流露壮思飞。我国祚虽斩，有日必复生。"这是洪仁玕临上法场前作的绝命诗，其高尚气节令人敬佩。可是"有日必复生"却没能实现。

· 理政古鉴 ·
——从历史中汲取走向未来的智慧

历史学家在分析太平天国运动的失败原因时，归结为洪秀全的任人唯亲和妒贤嫉能。"只觉苍天方溃溃，欲凭赤手拯元元。"石达开是太平军最优秀的统帅，德才兼备，是太平天国军民所仰望的主要领导人之一，参与了太平天国的大多数重大军事行动。天京事变之后，他是唯一能团结群众辅佐洪秀全重振国势的人选，他以为洪秀全会支持自己。然而，洪秀全心胸越来越狭窄，"疑忌"石达开，重用两个昏庸无能的胞兄洪仁达、洪仁发，借以挟制和排挤石达开，"不授以兵事"，置农民政权的命运于不顾。因此，石达开不得施展其才，愤然出走，确是太平天国的一大损失。

李秀成被俘后说太平天国之所以失败，是因为洪秀全"误国不用贤才"，而曾国藩却"能识别贤将"。

洪秀全刚刚入城一个月，就大兴土木，建造天王府。宫中金碧辉煌，珍宝无数。其他各王也都纷纷修造自己的豪华王府。扬扬得意的洪秀全不过是在自掘坟墓而已。

洪秀全深居宫中，数年不出天王府一步，拥有88个妻妾，比当时咸丰皇帝的后妃多得多，过着荒淫腐化的生活。高层领导集团中，有相当一些人已失去了革命的朝气，纵情享乐、竞相腐化之风迅速蔓延，无情地侵蚀着太平天国的躯体。天京事变后，洪秀全依然生活在娇娘美女中，生活更加颓废。在1861年太平军进取苏浙的时候，洪秀全又从李秀成选送到天京的3000美女中挑出180人收入天王府，当时即有人写诗讽刺："三千怨女如花貌，百八佳人堕涸愁。"这种自毁前程的事儿，是导致失败的重要原因。

洪秀全在天王府美女丛中过了11年帝王生活。1864年4月，他

• 龙袍纵有新颜色，天国依然旧典章 •

51岁，在曾国藩湘军的隆隆炮声和后宫粉黛的嗟怨声中，丢下他那千百个娇娘粉黛，因病身亡。他死后48天，天京沦陷，天国灭亡。

唐代杜牧《阿房宫赋》分析了秦朝灭亡的历史原因之后写道："秦人不暇自哀，而后人哀之；后人哀之而不鉴之，亦使后人而复哀后人也。"历史和现实的警示录，何不"鉴之"！

领导干部的沉沦，带来的后果是很惨重的：从领导岗位到身陷囹圄，前功尽弃，自毁前程，身败名裂，坠入罪恶的深渊；导致家庭支离破碎，幸福破灭，给家人带来的痛苦是难以想象的；辜负了党和人民的哺育培养，败坏了党的声誉，损害了党员、干部的形象。因此，每个领导干部一定要引为鉴戒，要深刻认识贪腐的极端危害性，珍惜自己的政治生命，珍惜来之不易的工作岗位，珍惜温馨的家庭，始终保持清醒头脑，切记一失足成千古恨。

习近平同志在十八届中央纪委二次全会上发表重要讲话强调，党风廉政建设和反腐败斗争是一项长期的、复杂的、艰巨的任务。反腐倡廉必须常抓不懈，拒腐防变必须警钟长鸣，关键就在"常""长"二字，一个是要经常抓，另一个是要长期抓。我们要坚定决心，有腐必反、有贪必肃，不断铲除腐败现象滋生蔓延的土壤，以实际成效取信于民。

■ 驱使健儿能赴敌，搜罗党羽各封王。龙袍纵有新颜色，天国依然旧典章。

—— 佚名

■ 知道事物应该是什么样，说明你是聪明人；知道事物实际上是什么样，说明你是有经验的人；知道怎样使事物变得更好，说明你是有才能的人。

—— 〔法国〕狄德罗

叹黎民膏血全枯,只为一人歌庆有

◎ 慈禧的一生几乎与中国近代史相始终。在同治和光绪两个皇帝在位的前后50年间,这个阴险、专权的女人将狠和柔融合在一起,登上中国政治的顶峰,掌天下大权达47年之久。她玩弄政治权术,挥霍民脂民膏,镇压农民起义,扼杀变法,使中国的前途更加黑暗。

慈禧太后(1835—1908),又称西太后、那拉太后,是叶赫那拉·惠征的长女,随父南来北往,学会了官场中逢迎拍马、尔虞我诈的权术。她的妹妹后嫁于醇亲王奕譞,即光绪的母亲。慈禧14岁时长得体态轻盈,杏脸含春,是个"小美人"。1852年入宫,时年17岁,被封为兰贵人。

慈禧以风姿绰约、明媚鲜明的美色和机敏开朗、洞悉人性,赢得了咸丰宠爱,生下皇子载淳,被封为懿贵妃,地位仅次于皇后。

第一次鸦片战争以后,农民起义风起云涌,各地奏章纷至沓来,弄得咸丰帝坐卧不宁。懿贵妃乘机帮他看奏章,策划镇压农民起义。

咸丰帝为了镇压太平天国起义,起用礼部侍郎曾国藩,指挥湘军打太平军。懿贵妃看重曾国藩的才干,就劝说咸丰帝重用他。从此,曾国藩扶摇直上,成为当时一等大臣,懿贵妃乘机参与政事。

第二次鸦片战争时期,英法联军的进攻连连得利。而整日寻欢作乐、耽于声色的咸丰皇帝,仓皇逃离北京紫禁城,逃到河北承德避暑山庄。

1861年咸丰帝病死于承德避暑山庄,6岁的太子载淳继位,是为同治皇帝。慈禧母以子贵,被尊称为圣母皇太后,她想打破清朝成例,实行"垂帘听政"。载垣、端华、肃顺等8人协助同治帝处理政务。

慈禧对肃顺压制她出头的做法非常憎恨。她联合恭亲王奕䜣,拉拢慈安太后钮祜禄氏,让她相信肃顺等人心怀叵测,图谋不轨,并要钮祜禄氏和她一道垂帘听政。

"垂帘听政"早在战国时就有,宣谕、奏事在隔帘的情况下进行,体现古代男女有别的传统习惯。1861年11月,慈禧利用咸丰皇帝的灵柩运回北京之机,发动政变。她以护送灵驾任务重要为由,让肃顺等人护送,自己却和慈安太后、小皇帝载淳绕小道提前四天回京。回京后,慈禧立即召集在京的王公大臣诉说了肃顺等人的"罪状"。后来慈禧挟制同治帝,传旨将载垣、端华、肃顺等人革职拿问,并严行议罪。接着突然将载垣、端华、肃顺3人逮捕,逼令载垣、端华自杀,将肃顺处斩,其余5人或革职或发遣。

1861年12月2日,慈禧终于心想事成,与慈安一同垂帘听政,但实权操于慈禧手中。将载垣拟定的年号"祺祥"改为"同治",以示两宫皇太后与小皇帝一同治理朝政。从此,慈禧开始了她长达47年(1861—1908)的黑暗统治。

· **理政古鉴** ·
——从历史中汲取走向未来的智慧

  1875年，19岁的同治皇帝在亲政两年后，染病去世。同治没有儿子，依照皇室的体制，应该由同治异母弟弟载漪继位，或由载漪的儿子继位。但慈禧兴风作浪，将自己亲妹妹与醇亲王奕譞所生的儿子——5岁的载湉立为小皇帝，为的是保有"皇太后"身份，再控制十几年政权。载湉继承皇位，即光绪皇帝。慈禧再次垂帘听政。

  1881年3月，慈安太后去世，很多人怀疑是慈禧为独揽听政大权而将其杀害（野史载，慈安临死那天，慈禧向她赠献糕饼，过了几个小时，慈安就死了）。除去慈安后，恭亲王奕䜣就成了慈禧的第二个心腹大患。慈禧和奕䜣，在发动政变时互相利用。政变成功后，奕䜣以功臣的身份集宫内外大权于一身，有时做事竟不再把慈禧这个"女流之辈"放在眼里。

  1884年，中法战争正式爆发。慈禧以奕䜣办事循旧、固执己见为由，彻底罢免了他，起用醇亲王奕譞（光绪皇帝的生父），她之所以这样做，完全是看好醇亲王奕譞胆小怕事，便于她控制。

  为了避免中法战争危及自己的统治地位，她授权李鸿章与法国侵略者谈判，并乞求美英政府出面"调停"，希望大事化小，苟安于目前。慈禧不顾法军的一再猖狂挑衅，严令海守军"静以待之"，助长了侵略者的气焰。

  1885年，镇南关大捷震惊中外，法国侵略军一败涂地，慈禧却下令停战、撤兵，爱国官兵非常气愤。

  甲午战争以后，以康有为为首的知识分子，发动了一场"维新变法"，公然向封建专制制度挑战。光绪帝发表诏书，正式表示变法的决心。他还任用了康有为、梁启超、谭嗣同等人，一连发布了几十道

· 叹黎民膏血全枯，只为一人歌庆有 ·

改革的命令，决定修铁路、采矿产、办实业、开银行、改革官制、兴办新式学堂等。这些法令对于发展资本主义是有利的。

慈禧非常厌恶新事物，迫使光绪免却了翁同龢的职务，孤立光绪；又派亲信荣禄掌握军政实权；后来干脆把光绪皇帝幽禁起来，开始了第三次"垂帘听政"。

慈禧将宦官寇连才安插在光绪身边，名为侍候，实为监视。但寇连才反而与光绪结好，参与了变法活动。寇连才目睹慈禧独揽朝政，虐待光绪，杖打珍、瑾二妃，大兴土木，修建颐和园，供她娱乐享受，对此十分不满，并深为国事而"忧之"。寇连才直谏慈禧十条，如应归政皇帝，停修圆明园，加强备战防范日本等。慈禧大怒，竟杀死寇连才。

慈禧欲望无边，奢华无度。她的第一位心腹太监是安德海。安德海擅长于媚术，以柔媚求欢于寡居的慈禧。后来她一见善于察言观色的宦官李莲英，便喜欢得不得了，任命他为"梳头太监"，每天都要为她换一种发式。李莲英居然公开与太后并肩而坐，一同听戏。她还日夜和著名的小生金俊生等一帮戏子纠缠在一起……她的骄奢贪欲，加快了大清帝国的衰亡。

1908年11月，这个给中华民族带来深重灾难的妖后终于死了，终年74岁。

【评 点】

翻开二十五史，卷卷都可以看到争权夺位的阴影。在权位的诱惑面前，在野心的驱使下，"忠孝仁义""亲亲尊尊"之类的道德说教

理政古鉴
—— 从历史中汲取走向未来的智慧

撕下了伪装，失去了效力，权力失去制约而成为绝对权力。一次次黄袍加身，一顶顶王冠落地，多少回宫闱惊变，多少个冤魂升天，都不过是争权夺位的结果。骨肉之情和君臣之义，面对兵变和暗杀一筹莫展。

慈禧的一生几乎与中国近代史相始终。不能说慈禧从青年到晚年一无是处，什么都坏。派人留学，废除科举，倡办新学，重用能臣，智擒肃顺，收复新疆失地，禁止妇女缠足，推崇京剧"国粹"等，体现了她的坚韧与睿智。她的聪慧和过人之处，令一些男性皇帝为之汗颜。

慈禧的特性是对权力非常贪婪，嗜权如命。按照清王朝惯例，她儿子14岁时应该亲政了。可是她为了能够掌握王权，以儿子学业不好为借口，破了祖制，让他到18岁才亲政。再比如在她的儿子亲政一年得天花死了以后，她偏偏选择醇亲王奕𫍯的儿子，只有5岁的载湉为小皇帝，以便继续垂帘听政。慈禧擅长帝王之术，却不甚了解世界发展潮流，判断及决策一再失误。她残酷镇压戊戌变法，把光绪皇帝囚禁于瀛台，使中国失去了一次极好的变法图强赶超列强的机会，也使清王朝丧失了最后一次自我挽救的机会，使大清帝国走向崩溃和灭亡。

在中国历代皇后中，慈禧是最臭名昭著的一位。19世纪末叶，古老的中华帝国有如风中之烛，有着五千年文明史的中华民族正面临亡国灭种的惨祸。她统治的47年，正是近代史上中华民族多灾多难的时候，她没有睁开双眼去看世界，没有用她的聪明才智带领中华民族走出急流险滩，而是让中华民族备受屈辱。

• 叹黎民膏血全枯，只为一人歌庆有 •

人们一提起慈禧，就会想到冷酷、愚昧、专制、奢侈。政变两番诛异己，垂帘三次弄皇权。在同治和光绪两个皇帝在位的前后50年间，这个阴险、专权的女人将狠和柔融合在一起，通过政变的方式，登上了中国政治的顶峰，掌握天下大权达47年之久。慈禧厚颜无耻地说："量中华之物力，结与国之欢心。"这是一句典型的卖国名言，表明慈禧丧权辱国的丑恶嘴脸，预示清朝灭亡已为期不远。

每当战乱多事之秋，每当王朝将倾之时，总有骄奢淫逸高潮的呈现。慈禧手握大权而又愚昧腐化，不思进取而一味享受。她的奢侈是历史上少有的。过寿和修园，是慈禧的嗜好。1894年是慈禧六十寿辰，恰逢中日甲午战争爆发，慈禧大权独揽，为所欲为，不顾军费紧缺，挪用海军军费，花费白银1万万两（清廷一年半的国库收入，可增建10支"北洋舰队"），修缮颐和园。在内忧外患不断、财政濒临破产、统治岌岌可危的险境中，她只顾个人开心，竟然动用巨额军费为满足自己"颐养"、游乐之欲而大兴土木，修建颐和园，以致甲午海战一败涂地，让中国人脸面丢尽，在世人面前抬不起头。

中日甲午战争战败，清廷签订了丧权辱国的中日《马关条约》。条约规定，中国须向日本赔款2亿两白银，同时将台湾岛及其附属岛屿、澎湖列岛、辽东半岛都割让给日本。日本从中国攫取了大量利益。从此中国半殖民地化程度大大加深。随后，列强聚集北京，掀起了瓜分狂潮。

古罗马历史学家塔西佗说："女人的缺点还不仅仅在于柔弱和缺乏毅力，如果放松她们的话，她们也会变得残忍、诡计多端和野心勃勃……而且从她们那里发出更加任性和专制的命令……"慈禧是为中

· 理政古鉴 ·
——从历史中汲取走向未来的智慧

国带来灾难最大的一名女性。她收拾掉自以为手握大权的光绪皇帝，再次训政。城府很深的恭亲王奕䜣屡遭贬黜，尝尽苦头。签署《中俄伊犁条约》等卖国条约，杀害"戊戌六君子"，扼杀新政，镇压太平天国和义和团运动，慈禧成为败家亡国的女人，阴毒奸诈的妖后。

章太炎先生以一副对联，说慈禧对国家犯下的大罪："今日到南苑，明日到北海，何日再到古长安？叹黎民膏血全枯，只为一人歌庆有；五十割琉球，六十割台湾，而今又割东三省！痛赤县邦圻益蹙，每逢万寿祝疆无。"慈禧如此腐败透顶，风雨飘摇的衰落王朝怎能不"日之将夕，悲风骤至"，气数将尽呢？

玩物可以丧志，奢侈足以堕德。生活奢侈，欲望就会越来越多，就会贪图富贵，走上邪路，招来灾祸。俭的对立面是享乐。过分享乐对于人生来说，是危险的东西，会使人走向堕落。奢侈，是对自己私欲的极端放纵——不惜花费大量钱财追求过分享受，挥金如土，越过了道德与文明的底线。奢侈是毒化社会风气的腐蚀剂，是危害社会进步的海洛因。

骄奢淫逸大多是与政治上的腐败腐朽交织在一起的。陷入奢侈淫逸泥潭，害莫大焉。贪欲与骄奢导致了对金钱的狂热追求和世风的沦丧。孟德斯鸠有句名言："没有制约的权力，必然会走向腐败。"要在权力分工的基础上对权力进行制约和监督，构建科学的、刚性的、权威的权力监控机制，使权力能够在法治的轨道上温顺地、合目的性地运行。

· 叹黎民膏血全枯,只为一人歌庆有 ·

■ 两朝傀儡福缘尽,九代河山日月残。

—— 湘竹一枝

■ 一个人应当首先避免良心的谴责,其次是避免公众的指责。

——〔英国〕约瑟夫·艾迪生

世路无如贪欲险,几人到此误平生

◎ 袁世凯是个乱世枭雄,也是个"厚黑学"典型。在晚清复杂的政治格局中,他八面玲珑,善于投机,惯施两面派伎俩。他以戊戌六君子的一腔热血染红自己的顶戴花翎。袁世凯开了历史倒车,其来也骤,其去也速。这充分说明,洪宪称帝是出历史闹剧、丑剧。

袁世凯,河南项城人。从小娇生惯养,不愿受寒窗清灯之苦,两次参加乡试,均名落孙山。

他15岁作七律《怀古》:"我今独上雨花台,万古英雄付劫灰。谓是孙策破刘处,相传梅颐屯兵来。大江滚滚向东去,寸心郁郁何时开。只等毛羽一丰满,飞下九天拯鸿哀。"凭陵史迹,吊古伤今,辄以救世英雄自许,一派少年豪情。

袁世凯初为淮系军阀吴长庆军中幕僚,后得到当时朝中第一汉臣李鸿章的赏识。1895年起,他在天津小站训练"新建陆军",拥有七千人的洋式军队。

1896年,袁世凯有意接近康有为,曾经加入过康有为等人组织的

• 世路无如贪欲险，几人到此误平生 •

"强学会"，还带头解囊捐银500两，迷惑了书生气十足的维新人士。

1897年，袁世凯任直隶按察使。光绪帝认为变法要成功，非有军人支持不可。为了寻求支持变法的军事力量，光绪帝于1898年9月16日在玉澜堂接见了他。

光绪帝先问袁世凯："新政是不是符合当前的社会潮流？"袁世凯说："非新政不能救国。"光绪又问他："要是让你统率军队，你会对朕忠心耿耿吗？"他马上磕头发誓道："臣当竭力报答皇上厚恩，一息尚存，必思报效！"

光绪帝第二天就降旨升袁世凯为侍郎候补，专门让他办练兵的事务，试图以此拉拢袁世凯保护变法。袁世凯有了军队，在政治上的分量又重了很多。

维新人士在变法中依靠袁世凯，动员袁杀掉慈禧宠臣直隶总督荣禄，包围颐和园，迫使慈禧就范，保护新政，救国救民于水火。袁世凯当场慷慨激昂，信誓旦旦："诛荣禄如杀狗一样！"

袁世凯看出了光绪、康有为等为首的维新党势力孤单，看到慈禧太后掌权30余年，心腹甚多，树大根深，便翻脸不认人，反向荣禄告密，彻底出卖了维新派，为慈禧发动戊戌政变效犬马之劳。

慈禧半夜起来听了荣禄的报告，气得七窍生烟，即刻带领大批随从杀回紫禁城，立即反扑，谭嗣同等六君子被杀，光绪被囚瀛台，"百日维新"就此夭折。慈禧太后再一次"垂帘听政"。

袁世凯因告密有功，被升任为山东巡抚，1901年继李鸿章之后升为直隶总督兼北洋大臣等要职，成为北洋军事政治集团的首领人物。

为了巩固扩大权位，预防种种不测，袁世凯大耍手腕，潜心钻营。

· 理政古鉴 ·
——从历史中汲取走向未来的智慧

他吹捧一贯祸国殃民的慈禧是"听政三十余年,迭削大难,功在社稷,亦天下之君也"。马屁拍得慈禧舒舒服服的。他看到慈禧爱财,就搜刮大量钱财上贡。

1903年荣禄去世后,袁世凯又千方百计地拉拢别的满族亲贵。庆亲王奕劻是领衔军机大臣,以卖官鬻爵、贪赃枉法著称,无钱不要,无贿不收,毫无政治头脑,却很受慈禧信任器重。袁世凯投其所好,竭力孝敬。庆王府中生老病死,男婚女嫁,大小生日,全由袁的总督衙门代为开支。此外,节有节规,年有年礼,按时奉送。仅奕劻任军机大臣前一天,袁就派人送去10万两银票一张,供其任命后开销,并告诉奕劻,这仅仅作为到任时的零用,以后还要特别报效。另外,袁世凯推举奕劻任练兵大臣,自己退居其下,也是想求得其庇护。

为了探听内廷消息,奏对称旨,不出差错,袁世凯在太监身上也花了不少功夫和本钱。慈禧最宠信的总管太监李莲英自不待说了,就是对地位较低的太监马宾廷,因其能在慈禧跟前说上几句话,他也不惜"折节下交"。1902年,张勋守卫颐和园时与马结拜为盟兄弟,嗣后袁世凯经张介绍,亦与马拜了把子。有一天,袁、张同至颐和园,马宾廷迎出,袁立即先跪单腿向马请安。一个封疆大员竟然违例跪下给太监请安,可见其何等不顾廉耻。

辛亥革命爆发后,帝国主义感到公开武装干涉中国革命已无济于事,就在"中立"的幌子下,抓紧物色新的奴才,极力扶持袁世凯。此时怀有野心的袁世凯则企图依靠帝国主义的支持,向革命派施加压力,以使革命派向他妥协。在内外交迫的形势下,革命党人只得向袁世凯做出让步。1912年1月22日,孙中山表示:如果清朝皇帝下台,

• 世路无如贪欲险，几人到此误平生 •

袁世凯宣布绝对赞成共和，自己可以辞去临时大总统的职务，让袁世凯来当大总统。

1912年2月12日，食清朝俸禄多年的袁世凯逼溥仪退位，致电南京，表示赞成共和。2月13日，孙中山不食前言，宣布辞去大总统职位，推荐袁世凯继任临时大总统。孙中山辞职前，提出三个条件：临时政府设在南京；袁世凯到南京就职；新大总统必须遵守《中华民国临时约法》（以下简称《临时约法》）。这三条的目的是把袁世凯调离北洋势力的大本营，然后用《临时约法》规定的责任内阁制架空袁世凯，限制袁世凯。

对这三条，袁世凯表面上都答应，暗中却指使北洋军在天津、北京的几条街上搞兵变，然后对孙中山派去接他南下的代表蔡元培说："北方军警林立，我实在离不开，离开了会闹出大乱子。"南京临时参议院没有办法，只好同意他在北京就职。

袁世凯几次变脸，终于登上了权力的顶峰，但他仍然嫌大总统不过瘾，妄想黄袍加身，坐在九龙椅上显威风。于是不顾千夫所指、万人唾骂，硬是于1915年12月12日宣布恢复帝制，称洪宪皇帝，开历史的倒车。13日，袁世凯在居仁堂接受百官朝贺，封黎元洪等128人爵位……

袁世凯称帝后遭到全国人民的一致反对，不得不于次年3月22日宣布取消帝制，他的皇帝梦持续了仅仅83天，复辟梦由此破灭。袁世凯众叛亲离，未过3个月，便在众人的唾骂声中忧惧成病，死在家中。

袁世凯死后，段祺瑞、冯国璋分割了袁世凯的遗产，形成了皖系

· 理政古鉴 ·
——从历史中汲取走向未来的智慧

和直系的对立局面。非北洋系的地方军阀，则割据一方。中国进入了军阀混战、帝国主义仍然猖獗的黑暗时代。

【评　点】

戊戌变法、义和团运动、辛亥革命，都与袁世凯有密切联系。袁世凯青年从戎，自小站练兵起家，创建北洋新式陆军，是继晚清名臣曾国藩、左宗棠、李鸿章等人的后起之秀和治世能臣。

从光绪皇帝到维新派领袖，无不对他寄予厚望。谭嗣同甚至深夜密访他，看中的无非是他手中的兵权。可是他违背了承诺，首先背叛光绪皇帝，向慈禧太后告状，出卖六君子，致使变法失败；然后又背叛清廷，逼清帝退位，自任总统；最后背叛共和，恢复帝制，自任洪宪皇帝。

袁世凯是一个"厚黑学"典型，一个善于变换面孔的小人。他为了向上爬，溜须拍马，投其所好，见风使舵，心狠手辣。他攀上李鸿章，攀上荣禄，还称康有为"大哥"，"脚踏两只船"。其言与行，无一不相违；其心与口，无一而相应。他是天下第一爱说谎且善说谎之人也。官迷心窍的袁世凯，别有用心地维持着苟延残喘、奄奄一息的清廷，挟持清廷逼迫革命党人交出政权；后又迫使清帝退位，自己在天津另立山头，成立一个由他一手包办的政府。

为了祖国的南北统一，孙中山不得不做出让步。1912年4月1日，孙中山正式解除临时大总统之职，袁世凯乘机窃取了大总统的宝座，无数英烈用鲜血和生命换来的革命果实，被袁世凯所篡夺，中华大地依然处于封建独裁的统治之中。

• 世路无如贪欲险，几人到此误平生 •

在外强入侵，革命蜂起，内外交困，民不聊生，动荡不安的年代里，袁世凯身为清廷重臣，做上民国大总统，有"民主共和"光环萦绕，如果好好做人与治国，慢慢地会赢得人心，会在近代史上有一定地位。可他为了实现皇帝梦，出尔反尔，背信弃义，废弃《临时约法》，残杀革命人士，买凶暗杀宋教仁，镇压"二次革命"，接受"二十一条"，逆时代潮流，开历史的倒车，违反了历史进步的行进律。废除共和，复辟独裁专制的封建帝制，称孤道寡，"既为清室之罪人，复为民国之叛逆"。被钉在历史的耻辱柱上，成为乱世奸雄、窃国大盗。

辛亥革命使民主共和的观念深入人心，复辟和倒退注定要失败。"逼宫貌似维新派，复辟终成有罪人。"袁世凯爬上了"大总统"的宝座，又想做皇帝，洪宪帝制共运行了83天。袁世凯的结局是其一手造成的，是咎由自取。正如有的学者所言："洪宪乃自己造机。"他为了做皇帝而不择手段，处心积虑地害别人，作恶多，对立面多，主张共和的各派反对他，清朝的遗老唾弃他，连同享富贵的北洋袍泽也开始离心离德，徐世昌、段祺瑞、冯国璋都不愿跟他了。

袁世凯复辟帝制的活动，使得蔡锷气愤至极。他表面做出种种假象迷惑袁世凯，然后返回云南成立军政府，正式宣布云南独立，亲率护国第一军主力入川作战，战绩辉煌。讨袁的护国战争爆发，西南各省宣布独立。孙中山等人发布讨袁檄文，全国出现一片讨袁声。

袁世凯本来身体一向很好，这时在内外交困、四面楚歌的境况下，在全国一致的军事讨伐和众叛亲离的倒戈相向中，他觉得自己成了过街老鼠，人人喊打了。他常常恐惧、害怕、神经质、惊慌失措、忧心忡忡，夜里听到老鼠的声音，就以为有刺客。他的尿毒症越来越重，

理政古鉴
——从历史中汲取走向未来的智慧

最后暴病而亡，终年57岁。正是"善有善报，恶有恶报"，积善必福，积恶成殃。

孔子认为，"仁者不忧""大德必寿"。有德之人注重道德修养，以仁待人，一身正气，光明磊落，邪气难侵，因而有益于健康。小人则由于心术不正，损人利己，费心伤神，必然有损身心健康。袁世凯一生机关算尽，利用时势机缘，凭着他的钻营有术，一点一点地往上攀爬；爬到了权力的最高层时，得逞于一时，逆潮流而动，结果堕入地狱与深渊，被人民所唾弃。

袁世凯之所以要称帝，原因是他野心私欲太大，又好迷信。其家族的不祥命运（即袁家男人都不满花甲而死，不能冲破60岁之"魔咒"），加上"太子"袁克定、杨度等小人在身边不断蛊惑，结果一失足成千古恨，暴露了他乱世枭雄的面目。袁世凯一命呜呼后，一些有识之士在论述他窃国的历史教训时认为，凡违反大多数人心理之行为，必败；其知识不与地位称，必败；以诈伪尽掩天下人之耳目，终必暴露，导致悲剧人生。

以戊戌告密、背叛民国、洪宪复辟而被世人唾弃的袁世凯，由于忽视民心向背、历史潮流这些最根本的因素，开了历史倒车，其来也骤，其去也速。它充分说明，洪宪称帝是出历史闹剧、丑剧。历史不可能是"任由后人打扮的小姑娘"。

■ 世路无如贪欲险，几人到此误平生。

——［宋］朱熹

■ 邪念似疾病，总在闲暇中袭来；善意如医生，总在匆忙中光顾。

——［英国］切斯特顿